Mentor e Aprendiz

CHIP R. BELL

Mentor e Aprendiz

Gerentes e Executivos como Mentores

Liderança Através do Conhecimento

O Líder/Mentor como Facilitador

M.BOOKS

M.BOOKS DO BRASIL EDITORA LTDA.

Av. Brigadeiro Faria Lima, 1993 - 5º andar - Cj. 51
01452-001 - São Paulo - SP - Telefones: (11) 3168 8242 / 3168 9420
Fax: (11) 3079 3147 - E-mail: vendas@mbooks.com.br

Dados de Catalogação na Publicação

R Bell, Chip
Mentor e Aprendiz/Chip R. Bell
2005 – São Paulo – M. Books do Brasil Editora Ltda.
1. Recursos Humanos 2. Treinamento 3. Negócios
Inclui Índice Remissivo
ISBN: 85-89384-75-6

Do original: Managers as Mentors

Original em inglês publicado por Berrett–Koehler Publishers, Inc.

EDITOR
Milton Mira de Assumpção Filho

Produção Editorial
Salete Del Guerra

Tradução
Cássia Maria Nasser

Revisão de Texto
Cláudia Mello Belhasof
Mauro de Barros

Design
Randy Martin

Capa
Design: Douglas Lucas
Foto: John Foxx / Alamy

Composição Editorial
ERJ Composição Editorial e Artes Gráficas Ltda.

2005

SUMÁRIO

PREFÁCIO

Quando estava na faculdade, no início dos anos 70, um de meus professores distribuiu um trabalho de pesquisa intitulado "Muito barulho a respeito de mentores". O tema era que quatro em cada cinco CEOs de empresas *Fortune 500* entrevistados pelo pesquisador disseram que sua mobilidade ascendente era, em parte, conseqüência da influência positiva de um mentor. Quando chegou o momento de eu escrever um trabalho final para aquele curso, pensei que uma pesquisa sobre *mentoring* seria um dos assuntos prediletos de meu professor e me renderia um A na disciplina. Uma visita à biblioteca da universidade me fez mudar de idéia. Não havia quase nada publicado sobre o tema no mundo dos negócios.

Algum tempo depois, assumi o cargo de diretor de treinamento de um grande banco. Querendo inovar com minha ansiedade de "jovem e inexperiente" e a graduação recém-adquirida, implementei um programa de *mentoring* para os profissionais novatos. O conceito era simples – designar cada estagiário (recém-formado) a um executivo sênior para reuniões mensais do tipo "mostre-me como funciona", além de aulas formais sobre diversos aspectos de bancos em geral. O programa alcançou êxito moderado, mas com os rumores de uma recessão iminente, foi vítima do corte orçamentário.

Lembrei-me do trabalho de meu professor e fiquei imaginando: se *mentoring* é vital para o êxito entre os CEOs, por que não poderia ser mantido no banco, mesmo em tempos de arrocho econômico. Consegui salvar minha pele (afinal de contas, a idéia era minha) ao convencer o principal responsável pelo orçamento a deixar que eu continuasse um programa de *mentoring* em pequena escala dentro de uma importante divisão. Meu chefe prudentemente acrescentou uma condição: deveria haver um treinamento sobre *mentoring* para os executivos seniores que atuavam como mentores. Essa condição salvou a situação, e logo o programa estava de volta em toda a organização. Ajudou-me a perceber que a habilidade de atuar como mentor não era inata naqueles que mantinham a posição de "chefe". E prometi a mim mesmo que, um dia, escreveria pelo menos um livro sobre *mentoring* e o entregaria na biblioteca da universidade que eu visitara nos anos 70. Eis o livro.

Há indivíduos que são excelentes mentores sem jamais terem lido um livro ou freqüentado um curso sobre *mentoring*. E há algumas almas raras que podem ler todos os livros e freqüentar todos os cursos existentes e ainda fracassar como mentores. Este livro não foi escrito para nenhum desses grupos. Ao contrário, foi elaborado para pessoas dispostas a melhorar sua aptidão como mentores. Embora os mentores sejam o público principal, ele também pode ajudar os aprendizes a entenderem melhor o relacionamento com o mentor. Falarei mais sobre isto no decorrer do livro.

Vocês logo descobrirão que *Mentor e Aprendiz* é elaborado em torno de um mnemônico – CADE – que forma a estrutura de *mentoring*, do meu ponto de vista.

Ceder (C) tem a ver com ações que tornam *mentoring* uma experiência livre de poder. Aprendi que poder, autoridade e comando – ou ao menos a percepção que o aprendiz tem desses aspectos no mentor – podem condenar *mentoring* a se transformar em um diálogo superficial... sem riscos, sem espírito e sem descobertas. O capítulo sobre construir confiança, proporciona uma investigação mais profunda do papel e da influência da autenticidade (ceder ao processo de *mentoring* em vez de controlá-lo) na busca por um relacionamento livre de poder.

Aceitar (A) no modelo CADE foca o valor de um relacionamento seguro, nontoxic. Quando o aprendiz acredita que está em um relacionamento seguro, a probabilidade de ocorrer experimentação e riscos geradores de crescimento é maior. A percepção ou previsão de perigo não se relaciona ao dano físico, mas sim ao dano emocional causado por repreensão, julgamento ou crítica – que geram no aprendiz a diminuição da auto-estima diante de uma pessoa de nível mais alto. Por que isso é relevante? Sem risco não há aprendizagem; sem experimentação, não há progresso. O capítulo sobre aceitação torna mais claro e pragmático o processo de criar um clima seguro e incentivar o aprendiz a ter coragem para correr riscos.

Doar (D) é considerado o evento principal em *mentoring*. Muitos mentores começam seus relacionamentos de *mentoring* doando conselhos, *feedback* ou foco. Contudo, se for o primeiro passo de um relacionamento, o ato de conceder tais dádivas corre o risco de ser, na melhor das hipóteses, desvalorizado e, na pior das hipóteses, ignorado, rejeitado ou vítima de resistência. Se Doar vier depois de Ceder e Aceitar, é mais provável que seja entendido pelo aprendiz como um gesto sincero e uma contribuição valiosa, merecedores de atenção, dedicação e experimentação.

O tema central de Expandir é a criação e o desenvolvimento do aprendiz como autodidata. Para seguir este tema, foi acrescentado um capítulo sobre assegurar a transferência de aprendizagem.

Há quatro capítulos intitulados "Para o aprendiz" – um para cada uma das quatro etapas do modelo CADE. Como a premissa deste livro é "parceria para gerar aprendizagem", a competência e o conforto da outra metade da parceria são vitais. Talvez mentores julguem úteis estes capítulos, ao verem o processo do ponto de vista do aprendiz. Ao redigi-los, analisei relatos de aprendizes, considerando *mentoring* do ponto de vista deles.

Os dois capítulos finais investigam duas situações especiais, mas cada vez mais comuns, em *mentoring*. A primeira diz respeito aos relacionamentos "heterodoxos" de *mentoring* – aqueles que envolvem colegas, chefes ou aprendizes que são muito "diferentes" do mentor. A segunda consideração especial está relacionada às situações "extraordinárias" de *mentoring* – com isso, quero dizer *mentoring* a distância, às pressas, ou usando inteligência artificial. A nova organização aqui, além do novo conteúdo, tem por objetivo ajudar mentores a gerenciar essas "extravagâncias" com maior produtividade e êxito.

A nova edição não é apenas um outro livro em conteúdo e foco. O que também está diferente é a época de sua publicação. As organizações lutam para atrair e reter empregados qualificados. *Mentoring* pode ser uma arma poderosa e útil para vencer a guerra de talentos. E tanto o enxugamento de organizações quanto a transformação do papel do chefe causaram crise de identidade em muitos gerentes. Por terem ascendido na hierarquia em virtude de suas aptidões de comando e controle, entram em um mundo em que ser chefe agora tem a ver com *coaching* e *mentoring*. Este livro oferece uma nova perspectiva sobre funções e competências para chefes como alternativas para o significado histórico de estar no comando.

As organizações sempre funcionaram em um cenário competitivo. Seja competindo por uma fatia do mercado econômico, da fidelidade do cliente ou de recursos doados por algum órgão governamental, as organizações funcionam em modo competitivo. Na corrida atual, os vencedores são aqueles que provam ser mais adaptáveis, inovadores e ágeis. Essas são as organizações habitadas por empregados que estão sempre aprendendo, liderados por gerentes que estão sempre ensinando. Portanto, em um nível mais abrangente, este livro diz respeito à obtenção de êxito organizacional.

Quando *Mentor e Aprendiz* foi publicado pela primeira vez, o conceito de "organização de aprendizagem" era novo e popular. Peter Senge era o novo guru da administração e seu *best-seller* inovador, *The Fifth Discipline,* leitura obrigatória para todos os executivos contemporâneos com pensamento de vanguarda. Hoje, deixamos para trás a onda da organização de aprendizagem. A paisagem empresarial agora é moldada pela escassez de talentos, pelo ritmo das mudanças e pela transformação do que significa estar no comando – tudo operando no contexto de uma economia difícil. Essa nova paisagem colocou "ajudar empregados a crescer" no topo da lista de fatores fundamentais para o sucesso de todos os gerentes.

Assim como o *mentoring*, as especificações para ferramentas de *mentoring* também cresceram em importância desde então. Hoje, os gerentes querem proficiência sem o compromisso com um programa. Eles buscam técnicas e recursos práticos, e não políticas e regras atrasadas. Análises de filosofia e teorias podem ser toleradas após o expediente, mas em meio ao desafio e no calor da competição, gerentes evitam qualquer instrução que não seja imediatamente aplicável à prática cotidiana.

Como Obter o Máximo Deste Livro

A maioria dos livros é escrita para ser lida do começo ao fim. Este, não. Contudo, o leitor lucra ao ler inicialmente a introdução e a primeira seção (capítulos 1 a 3). O Capítulo 3 contém um instrumento de auto-avaliação mencionado em diversos capítulos. Para obter o máximo de aprendizagem dos últimos capítulos, primeiro complete e verifique sua pontuação com este instrumento.

Antes de ler qualquer capítulo, comece traçando uma meta. Escolha um relacionamento que deseje melhorar, uma aptidão que queira aprimorar ou um problema de *mentoring* que deseje solucionar. Escolha o capítulo que lhe parece mais adequado àquele relacionamento, aptidão ou problema. Durante a leitura, faça anotações sobre como aplicar as técnicas apresentadas. Para ajudá-lo a localizar o melhor capítulo para suas necessidades, eis uma breve descrição do objetivo de cada um deles.

Parte I: *Mentoring* é...

Capítulo 1: A arte de ser um mentor resume o que é (e o que não é) *mentoring*, descreve armadilhas a serem evitadas e oferece perspectivas sobre como tornar eficaz o relacionamento em *mentoring*. Além disso, este capítulo proporciona uma visão geral do modelo de *mentoring* usado para estruturar o livro.

Capítulo 2: *Mentoring* em ação: UM CASO CONTÍNUO tem um objetivo simples e singular: apresentar a percepção e o drama de *mentoring*. Freqüentemente, participantes em cursos de *mentoring* e *coaching* pedem: você poderia mostrar um filme sobre o que é *mentoring* para que possamos reconhecê-lo ao vê-lo? Este capítulo tenta apresentar o roteiro deste filme.

Capítulo 3: Análise dos talentos de *mentoring*: UMA ESCALA DE AUTO-AVALIAÇÃO é o capítulo com o instrumento de auto-avaliação. Como vários capítulos possuem observações que aplicam os resultados deste instrumento, recomendo que o leiam e façam a auto-avaliação antes de prosseguirem. Leiam os capítulos 1 a 3 primeiro, depois escolham o capítulo que melhor atender às suas necessidades.

Parte II: Ceder – Nivele o Campo de Aprendizagem

Capítulo 4: Desenvolva afinidade: O PODER DA EMPATIA deixa claro que a maneira como o relacionamento de *mentoring* começa pode influenciar fortemente sua eficácia posterior. Este capítulo oferece tanto perspectivas quanto técnicas para que o relacionamento de *mentoring* comece bem.

Capítulo 5: Os elementos para construir confiança: "ISSO PODE SER O COMEÇO DE ALGO IMPORTANTE!" mostra como a qualidade do relacionamento de *mentoring* depende do êxito que o mentor tem ao cultivar, comunicar e gerar confiança. Usando o estilo do grande comediante Steve Allen como protótipo, o capítulo resume práticas importantes para se construir confiança.

Capítulo 6: Coloque o "nós" em confiança: MISTURE HUMILDADE COM CONFIANÇA destaca as maneiras de reduzir a distância emocional entre o mentor e o aprendiz. Este capítulo expõe técnicas de redução de poder para criar um campo de atuação nivelado de forma que o relacionamento de *mentoring* seja produtivo.

Capítulo 7: Alunos assustados: QUANDO O MEDO E A APRENDIZAGEM COLIDEM. Uma das maiores barreiras para a aprendizagem é o medo. A maioria dos relacionamentos líder-seguidor possui um certo elemento de ansiedade, dada a existência sempre presente do poder (no caso de um chefe), do conhecimento especializado (no caso de um colega) ou de ambos. Da mesma maneira, a maioria das organizações ainda gasta muita energia em avaliações, testes e julgamentos – todos geradores potenciais de ansiedade. Este capítulo examina maneiras de tornar o relacionamento de *mentoring* um porto seguro, livre de apreensões para o aprendiz, portanto, um ambiente saudável para a aprendizagem.

Capítulo 8: Para o aprendiz: ACALME SEU CORAÇÃO ANSIOSO não contém conselhos secretos que "apenas o aprendiz pode ver". É o primeiro de quatro capítulos que enfatizam a premissa de que *mentoring* é uma parceria. Quanto mais bem preparados ambos os parceiros estão para a função, mais bem-sucedido será o relacionamento entre eles. Este capítulo e os outros semelhantes a ele utilizam o ponto de vista do aprendiz como um convite tanto ao mentor quanto ao aprendiz para expandir sua visão do relacionamento. Estes capítulos são apresentados como a palavra final em cada etapa do processo de *mentoring*.

Parte III: Aceitar – Crie um Porto Seguro para Correr Riscos

Capítulo 9: Convites ao risco: ACEITAÇÃO COMO FOMENTADORA DE CORAGEM. O processo de passar de iniciante para experiente é claro. O aprendiz precisa abraçar o risco de cometer erros e, até mesmo, acabar em fracasso. Correr esse risco, sobretudo diante de outrem, requer coragem. E, por isso, é tarefa-chave de um mentor transmitir o tipo de aceitação capaz de criar um ambiente seguro no qual o aprendiz possa experimentar.

Capítulo 10: A aptidão secreta de Sócrates: INDAGAÇÕES IMPRESSIONANTES foca o poder de fazer perguntas para fomentar o sentimento de aceitação do aprendiz. Todos sabem como perguntar, mas o bom *mentoring* usa o questionamento como ferramenta para enriquecer o relacionamento enquanto facilita os *insights* e as descobertas. Dominar as técnicas neste capítulo pode beneficiar todos os relacionamentos interpessoais.

Capítulo 11: O ouvido de um aliado: A ARTE PERDIDA DE OUVIR concentra-se na importância e no poder de cultivar a aceitação por meio do ato de ouvir. A tentação inicial pode ser pular este capítulo, dizendo a si mesmo: "Eu sei ouvir!" Tente resistir. Segundo os leitores da primeira edição, talvez este capítulo seja o mais forte do livro porque oferece uma definição muito mais rica e profunda do ato de ouvir do que geralmente discutido em livros que ensinam a comunicação.

Capítulo 12: "Dar e receber" começa com "dar": DIÁLOGOS DISTINTOS não é um capítulo sobre perguntas e respostas. Ao contrário, oferece ferramentas interpessoais sobre como transformar um debate em uma conversa mais esclarecedora. Este capítulo leva o segredo de Sócrates (Capítulo 10) a um nível avançado de aplicação, acrescentando técnicas para retomar um debate estagnado ou distorcido, ou encerrar uma conversa que se tornou improdutiva.

Capítulo 13: Para o aprendiz: ENTRE NA ÁGUA SEM SE PREOCUPAR EM SE AFOGAR segue do ponto em que paramos no Capítulo 8. A saga contínua de *mentoring* do ponto de vista do aprendiz analisa a etapa de aceitação do relacionamento de *mentoring*.

Parte IV: Doar – O Evento Principal

Capítulo 14: Evite o gelo fino: A DOAÇÃO DE CONSELHOS. A maioria das pessoas acha que a principal coisa que os mentores fazem é dar conselhos – mas se o fizerem inadequadamente, o aconselhamento transforma-se em uma das ações mais perigosas que podem empreender. Este capítulo oferece técnicas para dar conselhos, ao mesmo tempo em que minimizam a resistência.

Capítulo 15: Relate os pontos fracos: A DOAÇÃO DE *FEEDBACK*. É complicado dar conselhos sem provocar a resistência do aprendiz, mas dar *feedback* é ainda mais difícil. O subproduto do conselho mal dado é a resistência, a relutância do aprendiz em valorizar as informações. Contudo, o subproduto do *feedback* apresentado inadequadamente é o ressentimento, uma sensação amarga por parte do aprendiz, de que o mentor tem uma perspectiva inatingível pelo aprendiz. O Capítulo 15 concentra-se em maneiras de fazer com que seus comentários sejam valorizados.

Capítulo 16: Associe proficiência a propósito: A DOAÇÃO DE FOCO afirma que a aprendizagem do adulto precisa ter um sentido lógico se quiser garantir a motivação e o interesse do aprendiz. Este capítulo apresenta diversas abordagens para ancorar o aprendizado de maneira a assegurar relevância e propósito.

Capítulo 17: O segredo do azulão: A DOAÇÃO DE EQUILÍBRIO explora a função do equilíbrio na promoção do crescimento. Um dos dilemas mais complexos do mentor é encontrar equilíbrio entre orientar e dar liberdade ao aprendiz. O desafio de "quando ficar com as cartas e quando sair do jogo" é particularmente complexo quando o aprendiz se aproxima da competência e da independência.

Capítulo 18: Era uma vez: A DOAÇÃO DE RELATOS DE HISTÓRIAS reconhece o poder da narração de histórias como ferramenta de ensino. A maioria das pessoas considera os pais, os avós, a tia, o tio ou a professora do ensino fundamental como seu primeiro relacionamento de *mentoring*. Lições aprendidas no colo de um parente mais velho eram freqüentemente permeadas por uma história instrutiva do tipo "Deixe-me contar sobre a época em que eu..." Sejam denominadas parábolas, contos, fábulas ou narrativas, as histórias podem propiciar *insights* e descobertas como nenhuma outra ferramenta.

Capítulo 19: Conexões passionais: A MAIOR DOAÇÃO DO MENTOR aborda a força da paixão, do espírito e do entusiasmo no relacionamento de *mentoring*. Inúmeros estudos mostram que a qualidade e a quantidade de aprendizagem são dramaticamente aprimoradas pelo entusiasmo do discípulo. O mentor pode desempenhar um papel crucial em fomentar essa paixão ao demonstrar entusiasmo sincero pelo processo.

Capítulo 20: Para o aprendiz: ACEITE AS DOAÇÕES SEM CULPA. Ser o aprendiz quando se distribuem "doações" pode ser constrangedor – a mesma situação vivenciada nas festas de final de ano quando você recebe um presente e não pode retribuir. Este capítulo foca como gerenciar o constrangimento desta fase do relacionamento.

Parte V: Expandir – Desenvolva um Autodidata

Capítulo 21: Além do relacionamento: ASSEGURE A TRANSFERÊNCIA DO APRENDIZADO. A responsabilidade do mentor pela parceria não termina no limiar externo do relacionamento. Mentores bem-sucedidos precisam assegurar que o aprendizado faça a diferença. Isso significa permanecer sempre vigilante em relação às barreiras e obstáculos que diminuem a transferência eficaz de aprendizagem.

Capítulo 22: Gerencie a mágoa: A VIDA DEPOIS DO RELACIONAMENTO DE *MENTORING*. Quase todo relacionamento de *mentoring* um dia chega ao fim. O aprendiz ultrapassa a sabedoria do mentor; suas necessidades de aprendizagem voltam-se para uma área que requer outro mentor; o aprendiz ou o mentor passam para uma nova função ou lugar. A forma como o relacionamento termina influencia a prontidão de ambos para estabelecerem novos relacionamentos de *mentoring*. A separação é uma plataforma poderosa para o crescimento contínuo.

Capítulo 23: O *kaizen*[1] de *mentoring*: APRENDER, APRENDER, APRENDER oferece perspectivas e recursos para a aprendizagem contínua do mentor. Como mentores eficientes são mais discípulos companheiros do que professores, deve-se planejar e gerenciar o crescimento perpétuo. Este capítulo mostra como fazê-lo.

Capítulo 24: Para o aprendiz: CRESCER SIGNIFICA ABRIR MÃO. O desafio de abrir mão pode ser grande para o mentor. Ele também pode ser espinhoso para o aprendiz que é, subitamente, "empurrado para fora do ninho". Este capítulo é um resumo de como superar o medo potencial de ser um discípulo independente e autodidata.

1 Palavra japonesa usada em gerenciamento que significa melhoria contínua.

Parte VI: Condições Especiais

Capítulo 25: Alianças profanas: *MENTORING* EM RELACIONAMENTOS PRECÁRIOS. A maior parte deste livro aborda os relacionamentos tradicionais de *mentoring*. Este capítulo examina alguns relacionamentos especiais. Começando com situações de *mentoring* em que o mentor e o aprendiz são iguais – ou seja, colegas –, o capítulo oferece informações sobre situações nas quais os dois são "diferentes" o suficiente para causar impacto potencial na administração do relacionamento.

Capítulo 26: Alianças árduas: *MENTORING* EM SITUAÇÕES PRECÁRIAS. Assim como os relacionamentos, as situações também podem ser precárias. Este capítulo analisa três complexidades singulares: *mentoring* no mundo atual, de ritmo rápido, onde a lei é sempre "Acabou o tempo!"; *mentoring* quando aprendiz e mentor trabalham em locais distintos ou têm apenas contato intermitente; e *mentoring* com a ajuda de mecanismos de inteligência artificial. Estes são computadores quase humanos, com reconhecimento de voz, capazes de realizar *coaching* elementar e até mesmo orientação básica. Embora em uso limitado atualmente, espera-se que desempenhem um papel considerável no futuro para instruir empregados.

Comunique a Parceria

Usam-se palavras como "mentor" e "*coach*", às vezes, para significar a mesma coisa. Eis aqui minha distinção. *Coaching* é uma parte da função de liderança, especificamente voltada para cultivar e sustentar o desempenho. *Mentoring* é aquela parte da função de liderança cujo principal resultado é a aprendizagem (competência, proficiência, aptidão, *know-how*, sabedoria). Assim, a aprendizagem influencia o desempenho que, por sua vez, influencia a realização de metas importantes. Você encontrará essa definição com freqüência.

As palavras que uso para os participantes na parceria de *mentoring* são escolhidas mais por conveniência do que por qualquer outro motivo. "Mentores" são líderes que se empenham em ações deliberadas voltadas para a promoção da aprendizagem; "líder", "gerente" ou "*coach*" também servem. Mentores não têm de ocupar uma posição hierárquica superior. Pode-se facilmente ser orientado por alguém que esteja vários níveis abaixo na hierarquia e que possua a competência ou a aptidão necessária.

Algumas organizações consideram que o rótulo "mentor" tem uma conotação negativa especial, quase sempre resultado de programas de *mentoring* desafortunados. "*Coach* de aprendizagem" é, freqüentemente, um bom substituto. Da mesma maneira, "aprendiz" refere-se ao beneficiário primário do esforço de *mentoring*; "associado", "subordinado", "colega", "estagiário", "parceiro" ou "seguidor" também podem ser usados. Desde que sejamos claros quanto a quem estamos nos referindo, os rótulos podem ser alterados para se adaptar a situações e preferências individuais.

O mais importante é lembrar que este livro se baseia em uma filosofia de parceria. Não possui segredos para fazer com que você pareça bom aos olhos de um subordinado desavisado, e espero que o compartilhe com colegas, associados e aprendizes. Quanto mais você souber sobre como ser um mentor, melhor será seu relacionamento de *mentoring*. O mesmo é válido para o aprendiz. Alguns constataram que debater sobre o livro ajuda a melhorar o processo de *mentoring*. Faça o que funciona para você.

Tanto o processo de *mentoring* quanto seu resultado são um esforço mutável, em contínuo desenvolvimento, como árvores que crescem saudáveis.

Espero que você goste e prospere com este livro. Bom *mentoring*!

Chip R. Bell
Dallas, Texas

O INÍCIO DE NOSSA JORNADA

A idéia de escrever este livro surgiu nos anos 70, mas o ímpeto de colocar palavras no papel veio de uma cerimônia de aposentadoria alguns anos atrás. Eu era convidado e a grande empresa era minha cliente. Houve as comemorações de praxe, risos, conversas, faixas, música e batata assada, além da sobrecarga costumeira de nostalgia. Cada aspecto da cerimônia era bem conhecido – até que se anunciou o último aposentado. Para ele, o aplauso foi mais forte, os sorrisos mais largos e o entusiasmo maior.

O objeto da afeição da multidão era um executivo de seguros há quarenta anos na empresa. O presidente da empresa convidou-o a subir ao enorme palco, muito bem decorado. O público ficou em silêncio enquanto ele enumerava as realizações do homenageado. Depois do presidente, vários executivos seniores o elogiaram como mentor e amigo.

Em seguida, o presidente anunciou um presente especial para este mentor dos mentores. Todos aguardaram em suspense. Que presente especial poderia comemorar adequadamente a contribuição que aquele homem fizera a tantas pessoas?

A primeira pista foi a agitação e as conversas paralelas que surgiram no fundo da sala quando um homem apareceu à porta. Mal pude acreditar no que vi! Pelo longo corredor que ia da porta dos fundos ao palco veio uma das pessoas mais famosas no mundo dos negócios. Seu rosto bronzeado era conhecido por todos na sala – e, de fato, por quase todos no país.

O visitante-surpresa dirigiu-se ao executivo de seguros e abraçou-o calorosamente. Com lágrimas nos olhos, agradeceu ao homenageado por ser um instrutor maravilhoso durante os dois anos que passou na organização no início de sua carreira. Após algumas histórias sobre seu relacionamento, ele deixou o local em sua limusine para embarcar no jato particular que o levaria para o outro lado do país. A multidão ficou perplexa – fez-se um longo silêncio. Depois, um por um, enfileiraram-se à frente para expressar sua gratidão a todos os que se aposentavam.

Nunca esquecerei a força daquela noite. Comecei a pensar no dom de *mentoring*. O que exatamente o executivo de seguros fizera para evocar tanta devoção? Que contribuição deu para conquistar uma admiração tão universal? A noite me fez lembrar dos muitos mentores que abençoaram minha vida. Além disso, levou-me a colocar no papel o que eu havia aprendido sobre *mentoring*.

O Poder de *Mentoring*, Sobretudo Hoje

Vivemos em uma era peculiar no mundo empresarial. Mudanças revolucionárias tornam aptidões e conhecimentos obsoletos da noite para o dia. Usa-se o termo de Peter Vaill, "águas turbulentas permanentes", para caracterizar a atmosfera do local de trabalho nos dias de hoje. Da mesma maneira, o êxito advém da adaptação criativa e de descobertas inovadoras, e não de copiar o testado (exaurido) e comprovado (antigo). Substituiu-se o "se não estiver quebrado, não o conserte" por outro adágio: "Se não estiver quebrado, quebre-o". Quase da noite para o dia, os funcionários podem passar de campeões a idiotas, a menos que permaneçam perpetuamente afiados e sempre de prontidão. As exigências de conhecimentos de alto nível estão se movendo para os níveis inferiores da organização, significando que a sabedoria não é mais a marca apenas de chefes.

Além disso, estamos vivendo em uma época em que a guerra pelo talento está cada vez mais acirrada. Jovens funcionários cresceram em meio ao padrão da mobilidade, sem a mentalidade de "uma carreira, uma empresa". Conseqüentemente, há um estigma muito menor de "abandonar o navio" ligado às freqüentes mudanças de emprego. Isso torna a retenção de talento, sobretudo em uma economia baseada na inteligência, muito mais crítica. Um estudo da McKinsey & Co. no ano 2000, envolvendo 77 empresas e seis mil gerentes, chegou a uma conclusão semelhante. O recurso empresarial mais importante durante os próximos vinte anos será o talento: empresários inteligentes, tecnologicamente versados, globalmente astutos e operacionalmente ágeis. E à medida que a demanda por talento aumenta, a oferta diminui.

As exigências do cliente também pressagiam um outro tipo de funcionário. Não mais satisfeitos com uma experiência "surpreendente" para garantir sua fidelidade, os clientes agora desejam serviços e produtos personalizados, individuais. Para proporcionar essa oferta de "tamanho único", os funcionários precisam ser altamente adaptáveis – capazes de aprender rapidamente e reagir com flexibilidade. Os clientes recuam ao ouvir referências à política, "nossa maneira", "não podemos fazer isso desse jeito", ou qualquer resistência em torno da personalização. E como os custos de aquisição de clientes estão aumentando e os clientes agora dirigem o desempenho econômico de uma empresa, ela não pode se dar ao luxo de sacrificar o entusiasmo deles em prol da ordem corporativa.

Tudo isso implica a necessidade de uma "organização de aprendizagem". Este termo, que ficou famoso com Peter Senge, em seu *best-seller A Quinta Disciplina*, denota uma empresa que possui crescimento, aprendizagem, melhorias e uma interminável experimentação no tecido de sua cultura. "A habilidade de aprender mais rápido que a concorrência", disse Arie De Geus, da Royal Dutch/Shell, "talvez seja a única vantagem competitiva sustentável". Organizações de aprendizagem valorizam mais a criatividade do que o controle. Opõem-se às doutrinas de empresas antigas fomentando um ambiente onde se corre risco. E na guerra pelo talento, procuram cada vez mais incentivar um novo estilo para recrutar e reter os melhores funcionários. Agora, considera-se *mentoring* uma forma de persuadir os funcionários a se comprometerem por mais tempo; o "Estudo da Nova Força de Trabalho", por exemplo, analisado em um artigo da *Business Week* no início de 1999, relatou que 35% dos funcionários que não recebem *mentoring* regular planejam procurar outro emprego dentro de 12 meses.

Há outro fator da vida empresarial contemporânea que atualmente passa por uma enorme metamorfose e que alimenta a lógica deste livro e a filosofia que representa: o relacionamento entre chefe e subordinado. O antigo modelo do líder como autoridade e pai corporativo foi e continua sendo alterado para aquele do líder como defensor, elemento capacitador, até mesmo parceiro. Como os trabalhadores demonstram cada vez mais que possuem maturidade e competência para operar eficientemente com supervisão limitada, o *empowerment* tornou-se uma necessidade, não uma moda passageira. Líderes incapazes de abrir mão das rédeas do poder são rapidamente substituídos por líderes que vêem seu relacionamento com associados como o de um libertador, eliminador de barreiras, facilitador – e mentor.

A exigência de aprendizagem constante e a modificação da função do líder exigem um novo tipo de gerente. Este livro foi elaborado para dar aos supervisores e gerentes tanto a competência quanto a confiança para abordar esses dois fatores. Embora os gerentes quase sempre desempenhem sua liderança em um contexto grupal, uma equipe por exemplo, eles passam a maior parte do tempo com um indivíduo apenas. Portanto, este livro foca principalmente nos encontros interpessoais de líderes. *Mentoring* é, sobretudo, uma atividade com uma pessoa de cada vez.

Gerenciamento Como *Mentoring*

Este livro intitula-se "*Mentor e Aprendiz*", mas, na verdade, é sobre "gerenciamento como *mentoring*". A filosofia do mentor eficaz é o que constitui os grandes líderes. *Mentoring* diz respeito a *Ceder* (ceder ao processo, e não controlá-lo), *Aceitar* (usar ações que criam um porto seguro para experimentar e correr riscos), *Doar* (doar conselhos, *feedback*, relato de histórias, apoio e foco) e *Expandir* (ajudar o aprendiz a se tornar um autodidata).

Esses blocos de construção são, também, as ferramentas para a liderança eficaz. Grandes líderes são confiantes o suficiente para demonstrar *humildade.* E humildade promove um relacionamento de parceria, e não um relacionamento paternal. Grandes líderes geram segurança emocional por meio da *coragem* e da *curiosidade* atenta que fomentam EM outros. Grandes líderes são generosos com seus *conselhos* (dados de forma a não provocar resistência), *feedback* (apresentado de forma a não causar ressentimento), *histórias* (narradas de forma a gerar paixão bem como ensinamentos), *apoio* (oferecido para assegurar que seus associados tenham um senso de direção, propósito e visão). Agora, olhe novamente para todas as palavras em itálico e você descobrirá a arquitetura humana do líder atual. O caminho do mentor é o caminho do líder, sobretudo na economia atual, baseada na inteligência.

Pode-se expandir a definição de líder para incluir qualquer indivíduo em uma função (em curto ou longo prazo) cuja meta principal é influenciar outro em relação a resultados ou esforços importantes. Dado o enxugamento nas organizações, na maioria das vezes o *mentoring* que o indivíduo recebe pode vir de um colega. Além disso, não é incomum que líderes recebam *mentoring* de indivíduos abaixo deles na organização. Portanto, o líder, no cenário de aprendizagem, é mais bem descrito como a pessoa disposta a compartilhar suas competências. Por todas essas razões, acrescentei um capítulo sobre "alianças profanas" – aquelas situações de *mentoring* em que as posições ou relacionamentos de mentor e aprendiz fogem ao padrão. Além disso, há um capítulo no final de cada seção chamado "Para o aprendiz". Minha esperança era que aprendizes também considerassem este livro um recurso útil. Eu o incentivo a lê-los, sobretudo se você for o mentor, para ter uma idéia da maneira de pensar e sentir dos aprendizes durante o *mentoring*.

Mentoring como Solução de Problemas

Vivemos em uma época em que um assunto é relevante na medida em que é capaz de solucionar nossos problemas cotidianos. *Mentor e Aprendiz* tem como objetivo ser uma ferramenta para resolução de problemas. Alguns problemas comuns do local de trabalho são apresentados nas perguntas abaixo. Faça uma análise interior enquanto pondera suas respostas. Voltarei quando você terminar de respondê-las.

- Você se preocupa com o fato de sua equipe, unidade ou organização falhar na habilidade em atrair e reter os indivíduos mais talentosos?

- Você se preocupa com o fato de sua equipe, unidade ou organização estar aquém de outros em seu grupo?

- Você tem a sensação de que muitas pessoas em sua equipe, unidade ou organização estão entediadas ou apenas agindo mecanicamente na maior parte do tempo?

- Os clientes de sua equipe, unidade ou organização queixam-se de que os funcionários não parecem saber o que estão fazendo ou não encontram uma solução ou resposta personalizada para suas necessidades ou pedidos?

- Os gerentes lançam mão de um modo "narrativo" impaciente quando uma abordagem menos direta geraria muito mais motivação e aprendizagem entre os funcionários?

- Ao dar conselhos a um funcionário, você tem a sensação de que seu conselho nunca é realmente levado a sério?

- Ao dar feedback ao funcionário, você percebe um certo ressentimento ou uma atitude defensiva?

- Os esforços que você fez no passado para ajudar um funcionário a aprender nunca, de fato, se traduziram em melhor desempenho... como se, na verdade, não "funcionassem"?

- Você já se perguntou por que os funcionários não lhe procuram para pedir orientações e simplesmente tentam descobrir sozinhos sua função ou desempenho?

- Você não encontra tempo para treinar porque mal tem tempo para realizar o trabalho a ser feito?

- Alguém sugeriu que você atuasse como mentor de seus funcionários e você se sente inseguro sobre o que isso significa e como fazê-lo?

- ocê precisa orientar alguém muito diferente de você e se sente ansioso em relação às implicações da tarefa?

- Você foi vítima do "programa de mentoring" de uma empresa que não conseguiu concretizar a maioria dos benefícios prometidos?

- Você está perdendo noites de sono, preocupado com o futuro?

Estou de volta. Este livro tem por objetivo abordar todas as perguntas acima – talvez não a última! Suas noites em claro provavelmente não têm nada a ver com o fato de ter dificuldades em ser um mentor. Mas todas as outras perguntas podem ser abordadas e solucionadas com os conceitos e técnicas a seguir. Contudo, há um alerta importante. Toda a sabedoria de *mentoring* do mundo só é eficaz se vivenciada várias vezes e praticada continuamente. A caminhada do novato à grandeza é repleta de dedos contundidos, passos em falso e alguns joelhos esfolados, por assim dizer. Tenha paciência com seu novo aprendizado e dê-lhe a chance de se tornar parte de como você lidera ao se tornar, primeiro, parte de quem você é.

Mentoring Como Arte

O mentor é um professor, um guia, um sábio e, sobretudo, uma pessoa que age para melhorar sua habilidade, de maneira compassiva e integral, tendo em vista o aprendiz. Nenhuma ajuda ou cura maior pode ocorrer do que aquela induzida por um modelo de compaixão e autenticidade. *Mentoring* diz respeito a ser real, ser um catalisador e ser, às vezes, um tipo de profeta. Portanto, é muito mais uma arte que uma ciência. Diz respeito ao poder pessoal, não ao poder do cargo ou dos conhecimentos especializados. A parte mais difícil e poderosa do *mentoring* é ser quem você é.

Isso não implica que o mentor deva ser um tipo de super-herói sem falhas, dúvidas ou a capacidade de cometer erros. Basicamente, *mentoring* tem a ver com crescer – mentores com aprendizes em crescimento, aprendizes crescendo com mentores. O âmago de um relacionamento de *mentoring* está mais relacionado a uma busca mútua do que à transmissão de conhecimentos. Como busca coletiva, o *mentoring* funciona melhor quando os mentores estão focados em construir, e não em se gabar.

O antropólogo Carlos Castaneda usou a palavra "mágico" para descrever seu relacionamento especial de *mentoring* com o *brujo* yaqui Dom Juan – e realmente existe uma certa mágica no processo de *mentoring* quando ele assume vida própria e leva o mentor e o aprendiz a compartilharem descobertas. O desafio de ajudar o outro a ver coisas de uma nova maneira recebeu muitos rótulos no decorrer dos séculos. Escritores bíblicos usaram analogias de pescarias para captar o espírito da mágica do *mentoring* e falaram em remover escamas dos olhos. O filósofo Ram Dass referiu-se a ela como "uma dança".

A mágica do *mentoring* não pode ser um desempenho solo. Não é uma transação unilateral, do mestre para o iniciante. Para ser eficaz e duradoura, precisa ser empreendida em um relacionamento bilateral – os esforços sincronizados de duas pessoas. A sincronia e a sinergia do *mentoring* são o que lhe dão a qualidade de uma dança. Além disso, são responsáveis pelo elemento mágico.

Este não é o primeiro livro sobre *mentoring* – nem o último. Mas segundo o que vi, é o único até hoje baseado em uma verdadeira filosofia de parceria. Minha interpretação de *mentoring* como filosofia de parceria é: suponha que todos os seus futuros funcionários serão voluntários financeiramente independentes, obstinados, em busca de um propósito, que adoram aprender, mas odeiam abrir mão da liberdade.

Além disso, este livro é sobre a facilitação, livre de poder, da aprendizagem. Diz respeito ao ensino por meio da força da consultoria e da colaboração, e não da limitação e da avaliação. Ele vê a aprendizagem como um processo evolutivo, em expansão, e não um empreendimento avaliativo, limitador. É uma canção sobre desdobramento – na qual as últimas estrofes ainda não foram escritas. É o livro de instruções sobre como realizar uma mágica sincronizada.

Não é um livro de filosofia, embora seja baseado em convicções muito específicas: que a principal meta de *mentoring* é criar um autodidata, que a principal ferramenta de aprendizagem é a descoberta e que o contexto mais eficaz para alcançar aquela meta é uma parceria de aprendizagem. Este é um livro de exercícios, repleto de idéias, sugestões, instruções e recursos. Se acabar com as páginas cheias de orelhas, trechos sublinhados e for passado de mão em mão, significa que terei obtido êxito em torná-lo prático – talvez até mesmo divertido e questionador. Tem por objetivo ser uma ferramenta para um componente fundamental da responsabilidade do líder – ajudar o outro a aprender e a crescer.

Parte I

Mentoring é...

Mentoring é...

Pare um minuto para se lembrar das pessoas em sua vida que foram eficazes ao ajudá-lo a aprender algo importante. (Eu aguardo.) Minha mãe ensinou-me muito sobre a etiqueta do namoro quando eu era adolescente; meu filho, Bilijack, mostrou-me algumas jogadas impressionantes de futebol; e minha nora, Lisa, mostrou-me maneiras criativas de fazer um convite para festas. No decorrer de nossas vidas, o aprendizado advém de muitas pessoas, em muitos lugares e por meio de muitos eventos.

Quais são as razões pelas quais as pessoas às vezes aprendem e, às vezes, não? Por que algumas pessoas têm capacidade para ajudar outras com crescimento pessoal ou profissional e outras, não? Por que às vezes o *mentoring* causa impacto e, às vezes, parece uma completa perda de tempo e energia? Que condições e competências ativam a descoberta, *os insights* e a compreensão?

As respostas completas para perguntas como essas podem ocupar volumes – e você está segurando apenas um livro. Como você verá, existem ferramentas, dicas, táticas e técnicas que tornam o *mentoring* mais fácil de entender, mais eficaz e muito mais divertido – mas, para nos tornarmos bons no jogo, primeiro precisamos delimitar o campo. Antes de aprendermos os sinais, precisamos esclarecer o significado de *mentoring* e nos harmonizar com as condições propícias à sua eficácia.

"A aprendizagem não se conquista por acaso; é preciso buscá-la com ardor e dedicar-se a ela com empenho."
– Abigail Adams (1780)

A meta dos próximos três capítulos é explicar o cenário ou contexto de *mentoring*. *Mentoring* será definido como "o ato de ajudar o outro a aprender". Tradicionalmente, considera-se *mentoring* uma transação entre um tutor e o subordinado de outrem. Contudo, Mentor e Aprendiz focará principalmente no líder como mentor de um seguidor. Isso exigirá uma alteração especial no relacionamento – ações voltadas para eliminar (ou ao menos reduzir) o papel que o poder do cargo desempenha no ensino.

O cenário de *mentoring* é repleto de suposições sobre como os indivíduos aprendem, os papéis que os mentores podem desempenhar, as qualidades que devem buscar e as armadilhas que precisam evitar. Como o mentor também é um discípulo, o objetivo dos próximos capítulos é eliciar a autocrítica, defender a clareza da missão e cultivar a ligação de quem somos com o que fazemos.

CAPÍTULO 1

A Arte de Ser um Mentor

Mentor: a palavra conjura a imagem de um sábio corporativo, experiente, conversando com um jovem inocente, inexperiente. A conversa provavelmente seria permeada com regras informais, segredos muito bem guardados, histórias heróicas e corajosas, do tipo "Lembro-me de que, em 1977...", e táticas ilícitas. *Mentoring* tem um som quase inebriante, acadêmico, reservado apenas para trabalhadores de colarinho branco, cujos pais aconselhavam: "Faça amizade com o velho Charlie".

Mais recentemente, o termo "mentor" tornou-se menos relacionado a privilégios e mais a ações positivas. Funcionários pertencentes a minorias receberam um mentor para facilitar sua passagem pela discriminação no trabalho, ultrapassando as redes de amigos e os sinais particulares antes reservados aos homens anglo-saxões, protestantes, de cor branca. Às vezes, esses mentores salvavam a consciência daqueles que corajosamente contavam grandeza, mas ficavam nauseados se tivessem de liderar atos de coragem. Esses programas de *mentoring* pareciam contemporâneos, com um pensamento de vanguarda. Alguns eram úteis, mas muitos eram apenas palavras ditas da boca para fora.

Mas, na verdade, o que é *mentoring*? Quando abrimos o pacote e removemos o politicamente correto, o que sobra? Mentor é definido no dicionário como "um orientador confiável, sábio... um professor ou instrutor". Uma definição tão simples expressa um contexto básico. Caso você não tenha lido o prefácio, definimos *mentoring* como aquela parte da função de liderança cujo principal resultado é o aprendizado. Resumindo, o mentor é simplesmente alguém que ajuda outrem a aprender algo que seria, de outra maneira, aprendido não tão bem, mais lentamente ou de nenhuma maneira. Observe a natureza livre de poder dessa definição; mentores não são figuras poderosas.

O uso tradicional da palavra "mentor" denota uma pessoa fora da cadeia de comando usual do indivíduo – do ponto de vista do novato, alguém que "me ajude a entender o sistema informal e ofereça orientações sobre como obter êxito nesta organização maluca". Nem todos os mentores são supervisores, mas os supervisores mais eficazes agem como mentores. *Mentoring* é geralmente focado em uma pessoa; *mentoring* grupal é treinar ou ensinar. Vamos nos concentrar no relacionamento individual; os outros fogem ao escopo deste livro.

Bons líderes fazem muitas coisas na organização que habitam. Transmitem uma visão clara e articulam uma direção precisa, dão *feedback* sobre o desempenho, inspiram e encorajam e, quando necessário, disciplinam. Bons líderes também são mentores. Mais uma vez, *mentoring* é aquela parte da função de liderança que tem o crescimento como resultado principal.

LIÇÕES DO PRIMEIRO MENTOR

A palavra "mentor" vem da *Odisséia*, escrita pelo poeta grego Homero. Enquanto Ulisses se prepara para lutar na Guerra de Tróia, percebe que está deixando para trás seu único herdeiro, Telêmaco. Como "Telê" (provavelmente era assim que seus amigos o chamavam) acabara de ingressar na escola e as guerras costumavam se arrastar por anos (a Guerra de Tróia durou dez), Ulisses reconhece que Telê precisa ser orientado sobre como "reinar" enquanto o papai está na guerra. Contrata um amigo da família, de confiança, chamado Mentor, para ser o tutor de Telê. Mentor é sábio e sensível – dois ingredientes importantes do *mentoring* de alto nível.

A história da palavra "mentor" é instrutiva por várias razões. Primeiro, ressalta que *mentoring* é um legado. Como Ulisses, grandes líderes se esforçam para deixar uma obra beneficente de valor agregado. Segundo, Mentor (o velho) combinou a sabedoria da experiência com a sensibilidade de uma corça em suas tentativas de transmitir as aptidões de um rei ao jovem Telêmaco. Todos nós conhecemos o desafio de transmitir nossa sabedoria prática a outrem sem resistência. O mentor bem-sucedido consegue evitar a resistência.

Homero caracteriza Mentor como um amigo da família. O simbolismo contido neste relacionamento é adequado aos mentores contemporâneos. Mentores eficazes são como amigos porque sua meta é criar um contexto seguro para o crescimento. Além disso, são como parte da família porque seu foco é proporcionar uma aceitação incondicional e leal do aprendiz. Amigos trabalham para somar e multiplicar, não para subtrair. Familiares amam, mesmo diante de erros.

Mentores superiores sabem como os adultos aprendem. Agindo com sua intuição ou com o que aprenderam em livros, aulas ou com outros mentores, os melhores mentores reconhecem que são, acima de tudo, facilitadores e catalisadores em um processo de descoberta e *insights*. Sabem que *mentoring* não tem a ver com comentários sagazes, sermões eloqüentes ou sutilezas engenhosas. Mentores praticam suas aptidões com uma combinação de compaixão infinita, comunicação clara e sincera alegria na função de ser um auxiliar ao longo da jornada em direção ao domínio total.

Assim como o primeiro dessa profissão, os mentores gostam de aprender, não de ensinar. Preferem compartilhar a se exibir, dar em vez de se gabar. Grandes mentores não são apenas fãs dedicados de seu aprendiz, são fãs leais do sonho daquilo que o aprendiz pode vir a ser com sua ajuda.

ARMADILHAS A EVITAR

Há incontáveis armadilhas ao longo do caminho de mentores. *Mentoring* pode ser uma viagem formidável para aqueles que buscam um admirador, uma manifestação de ganância para os que precisam ter escravos. *Mentoring* pode ser uma plataforma para atrair pessoas para uma causa ou cruzada, uma história intensa narrada a um ouvinte inocente ou ignorante. Contudo, as armadilhas do poder, da ganância e das cruzadas perdem o brilho quando comparadas aos "lembretes" mais sutis enumerados adiante. Há outras armadilhas, é claro, mas essas são as que freqüentemente surgem para sabotar relacionamentos saudáveis.

Mantenha as armadilhas em mente enquanto lê o resto do livro; procure-as em si mesmo. Ao ler a última página, você talvez tenha aprendido a evitar aquelas às quais é mais susceptível.

Posso Ajudar

Quando a ajuda é útil, e quando é nociva? Pessoas inclinadas a serem caridosas com seu tempo, energia e conhecimentos especializados quase sempre tentam ajudar quando, na verdade, o que o discípulo precisa é lutar e encontrar o próprio caminho. Eis um teste: se você pergunta ao aprendiz "posso ajudar?" e ele diz não, como se sente? Seja honesto consigo mesmo. Se você reagir com um mínimo de rejeição e autopiedade, esta talvez seja a armadilha que precisa evitar.

Eu Sei Mais

Alguns indivíduos se tornam mentores porque gostam de ser reconhecidos como alguém que sabe tudo. Apreciam as afirmações de aprendizes que se gabam sobre seu mentor prestativo. Sobretudo, gostam de aprendizes que regularmente os elogiam sobre sua contribuição. Isto é uma armadilha! Você pode sair da linha e acabar usando o aprendiz para sua necessidade de reconhecimento. O teste? Se o protegido o procura e diz que encontrou outra pessoa que pode ser mais útil como mentor, qual é a sua reação? Se você sente mais do que uma leve e momentânea decepção, cuidado! Talvez esta seja sua armadilha especial.

Posso Ajudá-lo a Prosseguir

Mentores podem ser úteis para ultrapassar barreiras organizacionais, entrar em gabinetes sempre fechados e obter dicas especiais e úteis para escalar a escada do sucesso. Como detentores de influência e poder, suas promessas carregam uma sedução do tipo "posso conseguir isso para você no atacado". Todas essas "obtenções" podem ser valiosas e importantes. Além disso, podem acrescentar um componente desastroso, de escambo, a um relacionamento que, de outra maneira, seria promissor. A abordagem "você coça minhas costas e..." em relacionamentos de *mentoring* pode infundir uma dimensão de contagem de pontos, prejudicial a ambas as partes. Embora a reciprocidade seja importante, um aspecto retaliativo pode levar um dos dois a ter uma visão do relacionamento do tipo "você me deve uma", sempre mantendo uma pontuação.

Você Precisa de Mim

Quando os mentores acham que seus aprendizes precisam deles, estão abrindo caminho para um relacionamento baseado na dependência. Embora muitas parcerias mentor-aprendiz comecem com um certo grau de dependência, a meta é transformar o relacionamento em uma relação de força e interdependência. Um relacionamento baseado na dependência pode se tornar, em última instância, uma fonte de ressentimento para o aprendiz e de falso poder para o mentor.

Se o aprendiz vê o processo de *mentoring* como uma tarefa ou ritual necessário, é geralmente um relacionamento de dependência que não terá permissão de crescer. Lembre-se que o foco deve ser ajudar o aprendiz a se fortalecer, e não ajudá-lo a aceitar melhor o fato de ser fraco.

AS QUALIDADES DO EXCELENTE *MENTORING*

Os grandes mentores não estão imunes a armadilhas; eles reconhecem aquelas em que provavelmente podem cair e trabalham arduamente para compensá-las. Como? Entendendo as qualidades de um relacionamento mentor-aprendiz focado na descoberta e na independência do discípulo – e depois aprendendo a ser um modelo vivo dessas qualidades.

Acima de tudo, o excelente *mentoring* é uma parceria, e parcerias começam com equilíbrio.

Equilíbrio

Ao contrário de um relacionamento baseado em poder e controle, uma parceria de aprendizagem é uma aliança equilibrada, baseada em interesses mútuos, interdependência e respeito. Mentores em busca de poder costumam exercer sua função com autoridade e soberania; mentores voltados para a parceria procuram exercer sua função com autenticidade e abertura. Em uma parceria de aprendizagem equilibrada, injeta-se energia no início do relacionamento para esclarecer a função e expressar as expectativas; há um espírito de generosidade e aceitação, em vez de um foco em regras e direitos. Os parceiros reconhecem suas diferenças ao mesmo tempo em que respeitam os objetivos e necessidades em comum.

Verdade

Vários livros exaltam os benefícios da comunicação clara e precisa. A comunicação na parceria tem uma qualidade adicional: é limpa, pura, caracterizada pelo mais alto nível de integridade e honestidade. Os que buscam a verdade trabalham não apenas para assegurar que suas palavras sejam puras (a verdade, somente a verdade, nada além da verdade), mas também para ajudar outros a se comunicarem com igual pureza. Quando um mentor trabalha arduamente para dar *feedback* ao aprendiz de forma carinhosamente honesta e compassivamente direta, ele visa uma comunicação limpa. Quando um mentor implora por *feedback* ao aprendiz, está solicitando uma comunicação limpa. O caminho da aprendizagem começa com a imparcialidade e a autenticidade do mentor.

Confiança

A confiança começa com a experiência, e esta, por sua vez, começa com um voto de confiança. Monólogos perfeitos, mesmo com evidências irrefutáveis e uma sólida documentação de apoio, não favorecem um clima propício a experimentos e riscos. Favorecem a aceitação passiva, não o investimento pessoal. Se o aprendiz vê o mentor correr riscos, ele o seguirá. Uma parceria "de confiança" é aquela na qual se aceita o erro como etapa necessária no caminho de iniciante a mestre.

Fartura

Mentores voltados para a parceria transpiram generosidade. Há uma característica de doador que se encanta ao compartilhar a sabedoria. Segundo o "Pai da Aprendizagem Adulta", Malcolm Knowles, "grandes treinadores [e mentores] adoram aprender e ficam felicíssimos quando estão por perto de uma experiência de aprendizagem". Esses relacionamentos são comemorativos e positivos. À medida que o mentor dá, o aprendiz retribui, e a fartura começa a caracterizar o relacionamento.

Paixão

Grandes parcerias de *mentoring* são repletas de paixão; são guiadas por mentores com sentimentos profundos e uma disposição de expressá-los. Mentores apaixonados reconhecem que a aprendizagem eficaz tem uma vitalidade que não é lógica, nem racional e muito menos ordenada. Esses mentores se empolgam com o espírito da parceria e com seus sentimentos em relação ao processo de aprendizagem. Alguns podem transpirar emoção em silêncio, mas sua energia motivada pela causa está obviamente presente. Resumindo, além de os mentores amarem o processo de aprendizagem, eles amam o que o aprendiz pode vir a ser – e demonstram essa devoção de maneira apaixonada.

Coragem

Mentoring exige coragem; aprender, também. Grandes mentores são aliados da coragem; cultivam uma parceria de coragem. Correm riscos com a aprendizagem, demonstrando ousadia em seus esforços, e estimulam a coragem em aprendizes por meio de exemplos. O preâmbulo para a aprendizagem é o risco, a disposição de dar um passo incerto sem a segurança da perfeição. O preâmbulo para o risco é a coragem.

Parcerias são a expectativa do melhor em nossas habilidades, posturas e aspirações. Em uma parceria de aprendizagem, o mentor não apenas ajuda o aprendiz, mas também transmite continuamente a crença de que é fã do discípulo. Parcerias são muito mais que uma boa sinergia. Grandes parcerias vão além de "maior que" para um domínio de valor imprevisível. E o valor, em uma parceria de *mentoring*, é permeado pela eqüidade do equilíbrio, pela clareza da verdade, pela segurança da confiança, pela afirmação da fartura, pela energia da paixão e pela ousadia da coragem.

O OBJETIVO REAL DE *MENTORING*: SER UM MESTRE, NÃO UM MAESTRO

Meu amigo George nunca foi uma pessoa moderada. Quando estávamos na faculdade e alguns de nós resolvemos dar um mergulho proibido na piscina, à meia-noite, na academia feminina, do outro lado de uma cerca trancada, foi ele que decidiu que deveríamos nadar nus. O fato de ninguém ter tirado a roupa, exceto George, aparentemente não o incomodou. Não me surpreendi quando, anos depois, após ler o best-seller *Swim with the Sharks without Being Eaten Alive*, George foi a uma loja de animais de estimação e comprou um tubarão vivo para seu apartamento em Miami. Embora tivesse apenas 15 centímetros de comprimento, era um tubarão de verdade – com uma barbatana dorsal branca emergindo do corpo cinza metálico. George batizou o peixinho de Harvey, em homenagem ao autor do livro, Harvey Mackay.

Algum tempo depois, a vida de George deu uma guinada. Foi promovido a gerente regional de vendas de sua empresa e transferido para Houston. Sabendo que viajaria muito e que não teria como cuidar do pequeno Harvey, doou o pequeno tubarão ao Sea World. Harvey mudou-se de um aquário de cinco litros para um tanque do tamanho de uma casa de três andares.

Vários anos se passaram. Ao se casar, a eterna criança em George escolheu Walt Disney World como o local perfeito para a lua-de-mel. Enquanto ele e a esposa estavam em Orlando, decidiram ir ao Sea World e visitar Harvey. Ficaram perplexos. Harvey estava com quase 2 metros de comprimento e pesava cerca de 500 quilos.

Quando George me contou sobre Harvey, pensei que fosse mais uma de suas histórias mirabolantes, mas ele me convenceu de que era verdade. Aparentemente, certos animais – como tubarões e seres humanos – crescem de acordo com o meio em que vivem. Se quisermos atingir nosso potencial máximo, precisamos de um ambiente seguro e ilimitado.

Crescer é basicamente o ato de se expandir, um desdobramento em direção à grandiosidade. Portanto, a expansão é o atributo mais importante de um excelente relacionamento de *mentoring*. A eficácia de *mentoring* diz respeito a limpar um caminho emocional para tornar a jornada de aprendizagem o mais livre possível de fronteiras. A mudança é uma porta que se abre pelo lado de dentro, mas é o relacionamento de *mentoring* que fornece a chave dessa porta.

"É muito mais fácil ser crítico que correto."
– Benjamin Disraeli

O verdadeiro objetivo de *mentoring* não é controlar. O controle implica fechamento, término, chegar a um destino. No mundo atual de constantes mudanças, a meta é "dominar conhecimentos", uma jornada interminável e sempre expansiva de crescimento perpétuo. Isso sugere que o relacionamento é mais importante que a meta, que o processo é mais valorizado que o resultado.

ROMPA AS FRONTEIRAS

Portanto, o que um mentor pode fazer para estabelecer um ambiente expansivo e sem fronteiras? Extensas pesquisas mostram que grandes mentores dão atenção constante a quatro componentes essenciais: foco, sentimento, família e liberdade.

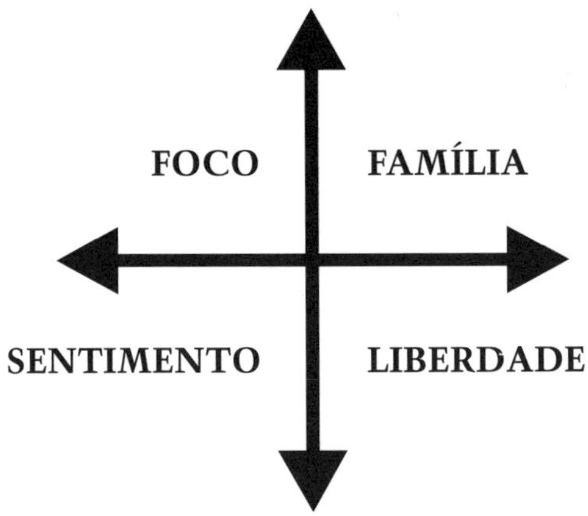

FIGURA 1. COMPONENTES DE AMBIENTES DE APRENDIZAGEM EXPANSIVOS

Foco

Há várias características que diferem a aprendizagem de adultos (andragogia) da aprendizagem infantil (pedagogia). Adultos são motivados a aprender quando percebem um fundamento imediato ou um curto prazo para aquele aprendizado. Pode-se dizer a uma criança: "A história que você está aprendendo na sala de aula talvez não lhe seja útil no *playground* na hora do recreio, mas algum dia será", e ainda prender seu interesse. Adultos não são tão ingênuos. Obviamente, alguns adultos adoram aprender puramente por aprender, mas são minoria. A maioria é motivada a aprender se o esforço tiver uma recompensa clara no presente ou – no máximo – no futuro bem próximo.

A parceria de *mentoring* precisa ser conduzida de forma que o aprendiz conheça o objetivo da aprendizagem. É preciso existir um componente do tipo "como resultado desta aprendizagem, você será capaz de..." permeando a parceria. No contexto organizacional, é importante ancorar o aprendizado ao departamento ou à visão ou missão organizacionais, aos objetivos do departamento e às metas e aspirações pessoais ou profissionais do aprendiz. O vínculo precisa ser sutil... e, ao mesmo tempo, óbvio. Deve ser um foco inicial... e perpétuo. Ancorar o aprendizado aos objetivos é uma maneira de criar diretrizes úteis para mensurar o êxito. Pense no foco não apenas como a base para sua interação, mas como o próprio idioma que você fala.

Sentimento

Lembra-se do que aprendeu sobre relacionamentos quando estava no ensino médio? Lembra-se daquela amizade que ficou estremecida e de como você trabalhou arduamente para reconquistá-la? Lembra-se do namoro sério, do rompimento, das brigas, de fazer as pazes... e de tantas outras coisas? As lições aprendidas naqueles dias sofridos parecem permanentemente marcadas em nossa memória. São as lições que ensinamos aos nossos filhos, sobrinhos, ou filhos de amigos.

Agora pense sobre as outras coisas que aprendeu no ensino médio. Talvez você tenha aprendido seno, co-seno e tangente; a conjugar verbos e analisar orações. Você sabia a extensão do rio Amazonas e a altura do Empire State ou da Torre Eiffel. Sabia o nome da capital de cada estado. E provavelmente tirava 10 em todas as provas. Lembra-se? Se houvesse um jogo de perguntas e respostas hoje, como se sairia? De alguma forma, o aprendizado que não é ancorado ao coração não é retido.

O relacionamento de *mentoring* atinge seu auge quando é realizado com ânimo e emoção. Tive a honra (alguns diriam desonra) de servir no Vietnã no final dos anos 60 como comandante de unidade de infantaria. Antes de entrar no combate, passei quase um ano em treinamento para oficiais. Lembro-me de detalhes mínimos da maior parte do período em combate, mas apenas vagamente do tempo despendido no treinamento. As lições aprendidas em combate foram lições do coração, impressas com a paixão dos altos e baixos mais estimulantes e mais deprimentes, respectivamente. Parte do trabalho do mentor é propiciar um ambiente onde os sentimentos, as emoções e a aprendizagem estejam intimamente ligados.

Família

Mentoring funciona melhor quando implementado no espírito de parceria. Em *A Quinta Disciplina*, Peter Senge fala sobre a "sociedade" com o outro como apoio-chave para a aprendizagem, mas acho que "família" é uma palavra melhor para capturar o espírito de parceria. Sociedade poderia ser simplesmente uma associação, mas "família" implica uma relação muito mais profunda. Aprender exige correr riscos e experimentar. Necessita do erro. É especialmente difícil um mentor realizar uma meta de aprendizagem (promover a descoberta) a partir de uma posição de comando (eu sou o chefe). Mesmo que o mentor não ocupe uma função gerencial funcional, o fato de ser um "especialista" já cria o potencial de desigualdade de poder. Aplicada ao mentor e ao aprendiz, "família" implica um estreito relacionamento, não um relacionamento entre pai e filho. A meta é a parceria.

Liberdade

O teste final da expansividade do relacionamento de *mentoring* é quando se libera o discípulo. Relacionamentos de *mentoring* são exercícios de ceder incessantemente. Pouquíssimas condições causam maior prejuízo ao aprendiz do que ser dependente do mentor. A dependência leva o aprendiz à insegurança e à incerteza e resulta em um relacionamento ineficaz e improdutivo para o mentor ou o aprendiz. A dependência implica que o mentor é o único reservatório da sabedoria exigida pelo aprendiz.

Gerar liberdade significa criar força e coragem. Além disso, estimular a liberdade tem a ver com construir pontes para outros recursos, incluindo ligar o aprendiz a outros mentores. Significa ajudá-lo a se conectar com um depósito de recursos que podem ser acessados quando necessário.

CADE: O MODELO PARA UM EXCELENTE *MENTORING*

Se o objetivo é cultivar o "domínio de conhecimentos" – por meio de uma parceria de *mentoring* focada na independência e na descoberta do discípulo, em um clima que reduz fronteiras e incentiva o risco –, quais são as etapas ou passos necessários para alcançá-lo?

O modelo de *mentoring* encontrado neste livro é construído em torno da crença de que o excelente *mentoring* requer quatro competências essenciais, e cada uma delas pode ser aplicada de muitas maneiras. Essas competências formam os passos seqüenciais no processo de *mentoring*. Todas as quatro foram selecionadas pela capacidade de se misturarem com eficácia. Não por acaso, as primeiras letras dessas quatro competências (e passos) formam a palavra CADE – um mnemônico prático, além de uma representação simbólica da meta, a facilitação isenta de poder da aprendizagem. São elas:

C	eder – nivelar o campo de aprendizagem,
A	ceitar – criar um porto seguro para correr riscos,
D	oar – o evento principal, e
E	xpandir – cultivar a independência do aprendiz.

Ceder

A maioria dos líderes é socialmente condicionada a conduzir o processo de aprendizagem; grandes mentores cedem a ele. Conduzir o processo tem muitos efeitos negativos. Costuma causar resistência, minimiza o potencial para o crescimento casual e muda o foco – da competência para o controle.

Se há uma palavra que muitos líderes odeiam é "ceder". Contudo, quando digo "ceder" não quero dizer perder, mas ceder a um fluxo maior que os participantes do processo. O dicionário define "ceder" como "abrir mão da posse de". Mentores que tentam segurar, possuir ou controlar o processo privam o aprendiz da liberdade necessária para incentivar a descoberta.

Ceder é o processo de nivelar o campo de aprendizagem. A maioria dos relacionamentos de *mentoring* começa com o mentor e o aprendiz em posições desiguais de poder... chefe e subordinado, mestre e iniciante, ou professor e aluno. Existe o risco de o poder gerar ansiedade e esta minimizar o ato de correr riscos – aquele importantíssimo ingrediente necessário ao crescimento. Ceder engloba todas as ações que o mentor empreende para retirar o poder e a autoridade do relacionamento de *mentoring* para que a ansiedade do aprendiz diminua e a coragem aumente.

Aceitar

Aceitar é o ato de inclusão. A aceitação é o que o psicólogo Carl Rogers rotulou de "consideração positiva incondicional". A maioria dos gerentes aprende a manter o foco na exclusão. A exclusão é associada ao tratamento preferencial, à presunção, à arrogância e à insolência – todos assassinos do crescimento. O verbo "aceitar", contudo, implica livrar-se de preconceito, opiniões preconcebidas e rótulos humanos. Aceitar é acolher, e não avaliar ou julgar.

"O primeiro problema para todos nós, homens e mulheres, não é aprender, mas sim desaprender."
– Gloria Steinem

A aceitação é o código para criar um porto seguro para a aprendizagem. Quando os mentores demonstram uma curiosidade perceptível, transmitem aceitação. Quando incentivam e apóiam, enviam a mensagem de que há segurança em abundância. Os aprendizes precisam de segurança no relacionamento de *mentoring* para assumir um comportamento experimental diante da vulnerabilidade pública.

Doar

Doar é o ato de generosidade. Doar, ao contrário de dar, significa conceder algo de valor a outrem sem esperar nada em troca. Mentores têm muitos dons para compartilhar. Quando os concedem incondicional e fartamente, reforçam o relacionamento, mantendo-o saudável. Doar é a antítese de tomar ou usar com manipulação. Encontra-se na extremidade oposta do espectro em relação à ganância.

Quase sempre, a doação é vista como o principal evento de *mentoring*. Mentores doam conselhos, doam *feedback*, doam foco e direção, doam o equilíbrio adequado entre interferir e deixar o aprendiz testar suas asas e doam sua paixão pela aprendizagem. Contudo, assim como todos recuamos ao ouvir "Deixe-me dar alguns conselhos a você", os aprendizes precisam estar prontos para as doações do mentor. Ceder e aceitar são etapas iniciais importantes para criar o momento propício para o aprendiz. Desperdiçam-se as doações quando não são valorizadas – e sim desprezadas e descartadas.

Expandir

Expandir significa levar o relacionamento além dos limites esperados. Mentores que expandem são aqueles dispostos a abrir mão do relacionamento em favor do crescimento, a buscar caminhos alternativos para fomentá-lo. Reconhecem que a aprendizagem pode ocorrer e ser aprimorada de inúmeras e misteriosas formas. Expandir é necessário para criar um discípulo autodidata e independente.

Ceder, aceitar, doar e expandir são as capacidades ou proficiências exigidas para que o mentor seja um parceiro eficaz no crescimento do aprendiz. Essas quatro competências essenciais também servem como estrutura organizadora do resto deste livro. Sua seqüência é importante. O processo de *mentoring* começa com ceder e termina com expandir. Para cada uma das quatro competências, você encontrará vários capítulos repletos de técnicas para demonstrá-la eficazmente.

O relacionamento de *mentoring* é uma honra. Com exceção do amor, não há maior presente que se possa dar a outrem que o do crescimento. É um raro privilégio ajudar o outro a aprender, fazer com que a sabedoria relevante seja útil ao outro e ser parceiro de alguém que possa se beneficiar dessa sabedoria. Este livro foi elaborado com uma única meta: ajudá-lo a exercitar essa honra e esse privilégio de forma a beneficiar você e todos sob sua influência.

CAPÍTULO 2

Mentoring em Ação

UM CASO CONTÍNUO

Jack Gamble foi um grande amante da vida ao ar livre. Cada cervo, pombo, codorniz, peru e salmão estava em grande perigo sempre que Jack entrava na mata com seu rifle, pistola, arco ou molinete. Mas na Gracie-Omar, Inc., ele era um grande mentor. Jack era o gerente de engenharia de produção na unidade da Gracie-Omar em Triplin, Geórgia, uma grande fábrica de componentes e sistemas de computação.

Cumprira seu tempo nos níveis organizacionais inferiores e rapidamente chegara ao topo. Agora, era diretamente subordinado ao gerente da fábrica. A mobilidade ascendente de Jack foi conseqüência não apenas de seu desempenho superior e humor ingênuo, mas de sua maneira especial de transmitir aos associados o que aprendera. À medida que a fábrica se expandia, o gerente promovia Jack, vendo-o como o protótipo de um "líder de organização de aprendizagem".

Tracy Black era a nova engenheira de sistemas transferida para a fábrica de Gracie-Omar em Triplin, vinda da unidade ao norte de Boston. Tracy, por fim, foi designada para trabalhar com Jack e não tinha nada em comum com ele, exceto o gosto pela caça. Tracy era do norte do estado de Nova York; Jack era natural dali, nascido e criado a 40 quilômetros de Triplin. Tracy tinha um estilo sóbrio e simples; Jack, um sorriso largo e a fala arrastada. Tracy era católica e republicana liberal; Jack era diácono na igreja Batista e democrata conservador. Além disso, Tracy era mulher.

Tracy e Jack encontraram-se pela primeira vez no piquenique da empresa. Era o segundo dia de Tracy, que chegou trinta minutos atrasada. As únicas pessoas que conhecia eram o diretor de recursos humanos, que a entrevistara, e Rod, o gerente da fábrica, que encontrara rapidamente. O grupo lhe pareceu muito fechado e a conversa barulhenta era como um código: "Somos todos amigos aqui e, se não se tornar um dos nossos agora, não o conseguirá jamais!" O organizador do encontro anunciou como a refeição seria servida, o gerente da fábrica fez um discurso rápido e Jack contou uma longa piada sobre uma mula. As pessoa riram e gritaram; ela não entendeu o que era tão engraçado na piada. Pensou em Boston.

– Olá – disse alguém atrás, enquanto ela tentava pegar um pedaço de milho em uma longa fila. Surpresa, virou-se rapidamente. – Sou Jack Gamble. Rod me disse que trabalharemos juntos.

Oh, não! ela pensou consigo mesma. O homem da mula não! Mas conseguiu emitir um "olá" civilizado.

Jack lhe fez as perguntas corriqueiras de um coquetel – de onde você é, onde estudou, o que fazia antes de vir para cá, quer sentar-se? Ao final de cinco minutos, sugeriu que ela passasse em seu escritório na segunda-feira, logo após o almoço.

O escritório de Jack revelava poucas informações sobre seu ocupante. Enquanto Tracy esperava que ele retornasse de um almoço de negócios, procurou pistas sobre o homem que seria seu chefe e mentor. Na mesa, havia uma foto da esposa e dois filhos; na parede, um certificado ISO-9000 emoldurado e a foto de dois perus selvagens. No chão atrás da mesa, um equipamento que parecia um enorme jarro azul. Fora isso, o escritório poderia pertencer a qualquer pessoa.

– Desculpe-me pelo atraso! – ela ouviu a voz atrás de si. – Aceita um copo de chá gelado, caseiro, muito bom? – indagou com o mesmo estilo travesso usado para contar a piada da mula.

– Não – disse Tracy, mais bruscamente do que pretendera.

Jack serviu-se do enorme jarro azul. Virou-se quando começou a falar, usando palavras repletas de confiança e simpatia: – Tracy, estou muito entusiasmado em trabalhar com você. Sarah, do recursos humanos, me disse que você é excelente engenheira de sistemas.

Tracy não sabia o que responder, mas ele continuou, pelo jeito ainda sem querer uma resposta dela: – Você trabalhou no LWB-211, sobre o qual eu gostaria de saber mais. Ainda não recebemos nenhum, mas está em nossos planos para o quarto trimestre. Como posso ajudá-la a se instalar?

Tracy não sabia ao certo, mas perguntou a Jack se teria um *laptop* com um *modem* de alta velocidade que lhe permitisse acessar a intranet da empresa quando estivesse viajando a trabalho.

– Esta é nova – disse Jack, anotando em um pequeno bloco. – Vou perguntar e lhe informo imediatamente. Tenho uma lista de perguntas que os novatos fazem, juntamente com as respostas. Fiz uma cópia para você, mas a pergunta do *modem* não está nessa edição!

Tracy começava a se sentir mais à vontade com Jack.

– Não sei o que você acha desta fábrica – prosseguiu Jack –, mas certamente me lembro de como me senti no começo. Parecia uma família unida que não queria mais primos! Lembro-me de ter ficado completamente apavorado, imaginando se tinha tomado a decisão errada. Mas decidi que não me deixaria vencer. Simplesmente comecei a agir como se já fosse da família. E sabe de uma coisa? Funcionou como uma 30-06[1] em um veado com galhada de oito pontas a 20 metros!

Tracy ficou surpresa: – Você é caçador? – ela perguntou.

---

1 Espingarda semi-automática que usa cartuchos de 0,30 polegada, modelo 1906. Daí o nome 30-06. (N. da T.)

Os olhos de Jack brilharam, travessos. Parecia alguém que fora pego com a boca na botija: – Pode apostar que sim! – ele disse. – E se você não for, então mexi em um vespeiro, usando uma expressão que somente outro caçador entenderia.

– Eu também caço – respondeu Tracy, de certa forma aliviada ao ver que tinha uma coisa em comum com aquele estrangeiro de fala mansa.

– Maravilhoso! – disse Jack. – Você gosta de caçar veados?

Tracy fez que sim: – Caço qualquer coisa na temporada – ela disse. Era sua primeira incursão nos costumes sulinos.

Jack inclinou-se para frente: – Ótimo! Já viu a nova edição de *Field and Stream*?

Ela fez que não.

– Tenho um exemplar bem aqui. Gostaria de ler? Há um ótimo artigo sobre a caça ao veado; algumas idéias malucas que pretendo experimentar na próxima vez que meu filho e eu formos caçar.

Tracy começou a se soltar à medida que conversavam sobre seu recém-descoberto interesse comum.

Algumas semanas após essa primeira reunião de Jack e Tracy, chegou uma máquina Ulmer-1911. Jack era qualificado para lidar com máquinas Ulmer há alguns anos e retornara ao Wisconsin duas vezes para cursos de aperfeiçoamento. Tracy ouvira falar, mas nunca operara a máquina e estava ansiosa para aprender. No final da tarde, Jack e Tracy reuniram-se pela primeira vez no console da 1911.

– Antes de começarmos – disse Jack –, quero saber o que você sabe sobre esta máquina.

Ouviu atentamente enquanto Tracy descrevia o objetivo da máquina e o que poderia produzir.

– Vejo que fez seu dever de casa – disse ele, orgulhoso. Tracy sorriu.

Jack prosseguiu: – Pense nesta máquina como uma extensão de seu braço direito e imagine como seria ter um braço 3 metros mais longo que o outro. Além de a coordenação olho-mão mudar, você também se sentirá um pouco estranha. Espere a mesma sensação com a Ulmer-1911.

Tracy começou a se sentir menos apreensiva: – Vai me mostrar como ela funciona? – perguntou, começando a demonstrar impaciência.

– Eu era como você – Jack brincou. – Tão ansioso quanto um gato de rabo longo em uma sala cheia de cadeiras de balanço.

Tracy sorriu e respirou fundo.

– Mas – Jack continuou – será melhor você operá-la do que me observar. Olhando para a tela central, qual você acha que é o primeiro passo?

Tracy respondeu rapidamente: – Eu diria que é ligar o comando seis e mover o seletor de ângulo para 90 graus.

– Excelente! – Jack respondeu. – E qual o seu objetivo ao seguir esse caminho?

A lição continuou até Tracy operar a Ulmer com razoável proficiência. A única vez em que Jack tocou no equipamento foi depois que Tracy seguira uma série de passos incorretos e se afastara tanto do ponto de partida que precisou de ajuda para retornar. O objetivo de Jack era orientar seu raciocínio e sua compreensão mais do que sua operação e sua memória.

Nos meses que se seguiram, o relacionamento de Jack e Tracy melhorou. Seu interesse mútuo na caça passou a ser uma ótima fonte de compatibilidade. À medida que Tracy ficava menos ansiosa e mais confiante, começou a correr mais riscos em sua animada interação com Jack. Logo estava retrucando seus comentários engraçados. Além disso, começou a assumir maior responsabilidade na fábrica, incluindo a supervisão de quatro engenheiros.

Um dia, parou Jack no corredor com um ar preocupado no rosto: – Tem alguns minutos? – ela perguntou.

Cinco minutos depois, estavam no escritório dela.

– Adam é um problema – ela disse bruscamente assim que Jack fechou a porta.

Ela aprendera que, com Jack, não havia necessidade de rodeios. Ele a incentivava dizendo "vá direto ao ponto", e a atitude havia sido útil ao lidar com alguns engenheiros mais impacientes.

– Continue – Jack respondeu, sentando-se na cadeira diante da mesa dela.

Adam era um dos novos subordinados diretos de Tracy.

– Ele não está cumprindo suas tarefas. Eu o incentivei, aconselhei e tentei entendê-lo. Estou perdendo a paciência.

Jack esperou até ter certeza que ela não tinha mais nada a dizer sobre o assunto.

– Em que posso ajudá-la? – ele perguntou, sem querer impor sua ajuda.

Tracy o encarou: – Acho que preciso que você faça uma sondagem e, talvez, que me dê algumas idéias para animá-lo ou despedi-lo.

– Em sua opinião, qual é o problema? – perguntou Jack.

– Seu estado de ânimo é péssimo. Quando tento falar com ele sobre seu desempenho, suas atitudes são muito defensivas, como se estivesse ofendido por eu tocar no assunto.

Jack pensou por alguns instantes: – Vejo que é um osso duro de roer. Nunca me senti à vontade com funcionários que apresentam um desempenho ruim. Sempre fico ansioso quando tenho de ser duro com um funcionário. Vejo...

– Mas você consegue mudá-los – interrompeu Tracy.

Jack percebeu que Tracy achava que ele tinha algum segredo mágico que guardava para si: – Você acredita que haja uma técnica especial que talvez você desconheça.

– É, acho que sim, de certa forma. Você faz com que tudo pareça simples. Lembro-me de quando teve de despedir Edsel Joiner. O cara acabou agradecendo pela demissão.

Jack não respondeu durante um tempo. Subitamente, Tracy sentiu-se constrangida, como se tivesse permitido que o fluxo de emoções ultrapassasse os limites. Então, com uma emoção incomum na voz, Jack disse: – Foi a coisa mais assustadora que já fiz desde que comecei a trabalhar aqui.

Os dois ficaram ali, sentados, em silêncio.

Jack fez outra tentativa: – Como ele reage quando você fica séria e preocupada?

– Não sei ao certo.

Jack tentou novamente: – Deixe-me reformular a pergunta. Se eu pedisse a Adam para descrevê-la honestamente quando vocês dois falam sobre o desempenho dele, que palavras ele usaria?

O comportamento de Tracy começou a mudar. Era como se as rodas da sabedoria estivessem girando em sua cabeça.

– Ele diria que sou incansavelmente paciente – ela respondeu, ainda meio perdida em pensamentos.

– O que mais?

Tracy respondeu com um certo entusiasmo na voz: – Ele não me descreveria como dura, exigente ou disciplinada.

Jack percebeu que ela estava resolvendo o próprio problema. Mais uma vez, ele parou antes de fazer outra pergunta. Sabia instintivamente que o ritmo era tudo quando a meta era o *insight*: – Então, o que acha que deve fazer a seguir?

Tracy começou a esboçar etapas: uma conversa séria, um plano de desempenho, metas de curto prazo com *feedback* objetivo, supervisão com rédea curta e, sobretudo, menos compreensão e mais disciplina. Jack deu algumas idéias, mas principalmente afirmação e incentivo. Separaram-se com um acordo de reavaliar o problema dentro de alguns dias.

A história teve um final feliz. Adam confessou a Tracy que estava tendo dificuldade em trabalhar para uma mulher, mas, por fim, passou a respeitá-la e a apresentar um excelente desempenho. Tracy foi promovida a gerente de departamento, e depois transferida para a sede da empresa, em Wisconsin. Jack foi mentor de mais engenheiros novos. Ofereceram-lhe promoções, mas ele recusou todas que envolviam sair da cidade. A mata para caçar era mais importante que ocupar um belo gabinete na diretoria. Além disso, ele adorava ver pessoas aprendendo – sobretudo aquelas que não tinham certeza que conseguiriam se adaptar.

> **"Uma carreira bem-sucedida não terá mais nada a ver com promoções, mas sim com o domínio de conhecimentos."**
>
> **– Michael Hammer**

CAPÍTULO 3

Análise dos Talentos de *Mentoring*

UMA ESCALA DE AUTO-AVALIAÇÃO

Auto-avaliação: o termo o faz pensar em fitar o próprio umbigo? Talvez você esteja cheio das alegrias de testes, análises de desempenho, provas e coisas do gênero. Para muitos, testar tem mais a ver com masoquismo do que com domínio de conhecimentos! Contudo, analisar cuidadosamente nossos pontos fortes e fracos é um precursor para a melhoria e o crescimento – e isso, afinal de contas, é *mentoring*.

A Escala de Mentores é uma forma simplificada de determinar os atributos pessoais que você traz para o relacionamento de *mentoring*. A meta não é julgá-lo, avaliá-lo ou criticá-lo como indivíduo; não há respostas certas ou erradas. O objetivo é oferecer-lhe uma imagem de seus dons e pontos fracos potenciais. Por exemplo, se sei que tenho a tendência de procrastinar, posso tomar medidas para combatê-la, para romper o hábito de adiar as coisas até o último minuto.

Neste ponto, você talvez esteja pensando em apenas dar uma olhadela rápida neste capítulo. Por favor, resista à tentação. Eu o incentivo a realizar a auto-avaliação. Há muitas referências a ela em todo o livro. Se não o fizer, perderá alguns *insights* potencialmente poderosos sobre *mentoring*. Não precisa colocar as respostas no livro; basta anotá-las em uma folha de papel. Assim, será mais fácil analisar suas respostas quando fizermos referência à Escala de Mentores em diversos pontos do livro.

Está pronto? Vamos lá...

O TESTE

A Escala de Mentores nas páginas a seguir enumera 39 frases incompletas, cada uma com dois finais possíveis. Tendo em mente seu ambiente de trabalho, avalie rapidamente cada item e circule a letra do final que melhor completa a frase. Leia atentamente cada item, mas escolha rapidamente sua resposta. Instrumentos como este costumam ser mais precisos se registrarmos nossa reação imediata em vez de ponderarmos nossa escolha. Não deixe itens em branco. Você encontrará alguns em que nenhuma das duas opções é perfeitamente precisa. Escolha a que lhe parecer melhor. Após completar a lista, passe ao formulário de pontuação.

A ESCALA DE MENTORES

1. As pessoas provavelmente me consideram
   ☐ **a.** inflexível ☐ **b.** fácil de persuadir

2. Os dias de trabalho de que mais gosto são
   ☐ **a.** imprevisíveis ☐ **b.** planejados

3. Quando o assunto é comemoração, a maioria das organizações precisa
   ☐ **a.** de menos ☐ **b.** de mais

4. Quando avalio indivíduos, minhas decisões são baseadas em
   ☐ **a.** justiça ☐ **b.** piedade

5. Minha abordagem para planejar minhas atividades pessoais é
   ☐ **a.** informal ☐ **b.** ordenada

6. As pessoas geralmente me vêem como alguém
   ☐ **a.** formal ☐ **b.** informal

7. Quando se trata de situações sociais, normalmente
   ☐ **a.** resisto a participar ☐ **b.** adoro participar

8. Gosto de passar meu tempo livre de forma razoavelmente
   ☐ **a.** espontânea ☐ **b.** rotineira

9. Acredito que os líderes deveriam se preocupar mais com
   ☐ **a.** direitos do funcionário ☐ **b.** sentimentos do funcionário

10. Quando encontro pessoas que precisam de ajuda, é mais provável eu
    ☐ **a.** evitá-las ☐ **b.** ajudá-las

11. Quando estou em um grupo, geralmente
    ☐ **a.** acompanho ☐ **b.** lidero

12. A maioria das pessoas me vê como
    ☐ **a.** reservado ☐ **b.** aberto

13. Meus amigos sabem que sou
    ☐ **a.** firme ☐ **b.** compreensivo

14. Se eu estivesse em um grupo de desconhecidos,
    a maioria provavelmente se lembraria de mim como um
    ☐ **a.** ouvinte ☐ **b.** líder

15. Quando se trata de expressar meus sentimentos, a maioria das pessoas provavelmente me vê como

☐ **a.** reservado ☐ **b.** à vontade

16. Quando as pessoas das quais dependo cometem erros, geralmente sou

☐ **a.** paciente ☐ **b.** impaciente

17. Quando vou a restaurantes, geralmente peço pratos que

☐ **a.** parecem especiais ☐ **b.** sei que gosto

18. Em geral, prefiro

☐ **a.** o teatro ☐ **b.** uma festa

19. Em um conflito, quando há raiva envolvida, meu estopim emocional geralmente é

☐ **a.** curto ☐ **b.** longo

20. Em uma emergência, eu provavelmente ficaria

☐ **a.** calmo ☐ **b.** ansioso

21. Prefiro me expressar de forma

☐ **a.** indireta ☐ **b.** direta

22. Sou mais dominado pela

☐ **a.** lógica ☐ **b.** emoção

23. Quando em situações novas e desconhecidas, geralmente fico

☐ **a.** despreocupado ☐ **b.** preocupado

24. Em uma situação social festiva, geralmente sou

☐ **a.** passivo ☐ **b.** ativo

25. Quando sou acusado de alguma coisa que não fiz, minha primeira reação é

☐ **a.** ouvir ☐ **b.** me defender

26. Se estou em uma situação na qual perco ou me decepciono, fico

☐ **a.** triste ☐ **b.** furioso

27. Se alguém me procurasse em prantos, provavelmente me sentiria

☐ **a.** incomodado ☐ **b.** à vontade

28. A maioria das pessoas me vê como

☐ **a.** um otimista ☐ **b.** um pessimista

29. As pessoas geralmente me vêem como
☐ **a.** não crítico ☐ **b.** crítico

30. Se as pessoas tivessem de fazer uma escolha forçada, diriam que sou
☐ **a.** muito quieto ☐ **b.** muito barulhento

31. Ao final de uma longa festa, geralmente fico
☐ **a.** exausto ☐ **b.** animadíssimo

32. Quando trabalho em projetos, sou melhor para
☐ **a.** começá-los ☐ **b.** finalizá-los

33. Acredito que as pessoas devem abordar o trabalho com
☐ **a.** dedicação ☐ **b.** inspiração

34. Minhas gafes sociais geralmente me deixam
☐ **a.** constrangido ☐ **b.** descontraído

35. Quando minha empresa anuncia uma grande mudança, fico
☐ **a.** entusiasmado ☐ **b.** preocupado

36. É bem provável que as pessoas me vejam como
☐ **a.** duro ☐ **b.** afetuoso

37. Depois de um dia árduo, gosto de relaxar
☐ **a.** sozinho ☐ **b.** com outros

38. Mudança quase sempre é minha
☐ **a.** amiga ☐ **b.** adversária

39. Meu trabalho e minha vida social
☐ **a.** são separados ☐ **b.** freqüentemente se sobrepõem

"Você nunca se encontra até enfrentar a verdade."
– Pearl Bailey

FORMULÁRIO DE PONTUAÇÃO

Sociabilidade

Usando marcas simples, registre os As e Bs para os treze itens de sociabilidade.

	As	Bs
1,4,7,10,13,16,19		
22,25,28,31,34,37	Totais _____	_____

Dominância

Faça o mesmo para os treze itens de dominância...

	As	Bs
2,5,8,11,14,17,20,		
23,26,29,32,35,38	Totais _____	_____

Receptividade

...e para os treze itens de receptividade.

	As	Bs
3,6,9,12,15,18,21,		
24,27,30,33,36,39	Totais _____	_____

Interpretação

A Escala de Mentores é inspirada no FIRO-B®, um excelente instrumento desenvolvido por Will Schutz e distribuído com exclusividade pela Consulting Psychologists Press, Palo Alto, Califórnia (650) 969-8901. A escala mede – em determinado momento – a necessidade de sociabilidade, dominância e receptividade do mentor, todos componentes cruciais para um relacionamento eficaz de *mentoring*. (O instrumento FIRO-B® de Schutz denomina esses componentes de "inclusão", "controle" e "afeto", respectivamente.)

Sociabilidade tem a ver com sua preferência de estar sozinho ou em companhia de outrem. Pessoas com pontuações elevadas na coluna A da sociabilidade costumam ser solitárias e reservadas; aquelas com valores elevados na coluna B costumam ser exatamente o oposto. Indivíduos com números semelhantes de A e B não são nem altamente sociáveis, nem altamente reservados; podem ser moderadamente sociáveis ou reservados, dependendo da situação.

O que a sociabilidade tem a ver com *mentoring*? Indivíduos com valores elevados de sociabilidade acharão mais simples as dimensões de *mentoring* relativas ao desenvolvimento de empatia e à condução de diálogos. Terão de trabalhar arduamente para evitar dominar debates. Indivíduos cuja reserva pode torná-los um pouco inacessíveis possuem baixos valores de sociabilidade. Essas pessoas precisarão trabalhar com mais afinco ainda para ajudar seus aprendizes a se abrirem e se expressarem.

Dominância diz respeito à sua preferência sobre estar no comando. Pessoas com valores elevados na coluna A sentem-se à vontade com outro na liderança e geralmente preferem que seja assim. Indivíduos com valores elevados na coluna B costumam gostar de controlar e, com freqüência, declaram essa necessidade. Valores baixos de dominância também podem indicar uma grande necessidade de independência. Indivíduos com valores equilibrados não são nem altamente dominadores, nem altamente submissos. Podem controlar moderadamente ou não exercer nenhum controle, dependendo da situação.

A dominância é uma questão importante no relacionamento de *mentoring* com uma filosofia de parceria. O conceito geral de *mentoring*, hoje, baseia-se em um relacionamento de poder compartilhado. Indivíduos com valores elevados de dominância relutam tanto para abrir mão quanto para compartilhar o controle do relacionamento; precisam trabalhar muito para ouvir em vez de falar. Por outro lado, pessoas com valores baixos de dominância precisam trabalhar para assumir a liderança do relacionamento. Podem assumir uma abordagem tão discreta e liberal que o aprendiz se sinta inseguro e sem diretrizes.

Receptividade refere-se à facilidade com que você confia nos outros. Encontram-se valores elevados na coluna A entre pessoas cautelosas, reservadas e relutantes em demonstrar os sentimentos. Valores elevados na coluna B são típicos de indivíduos com muitos relacionamentos estreitos, que se sentem à vontade sendo vulneráveis e costumam expressar seus sentimentos com facilidade. Indivíduos com valores A e B semelhantes são moderadamente receptivos ou cautelosos, dependendo da situação.

Pessoas com valores elevados de receptividade acharão fácil se revelar em um relacionamento de *mentoring*. Na verdade, seu desafio é ser honesto e aberto o suficiente para incentivar o aprendiz a agir da mesma maneira, ao mesmo tempo em que evita ser agressivo para não sobrepujá-lo ou intimidá-lo. Contudo, pessoas com baixos valores de receptividade terão de trabalhar para superar a cautela no início e correr riscos emocionais e interpessoais com o aprendiz; sua reserva instintiva pode fazer com que o aprendiz sinta que erros podem ter conseqüências drásticas.

Vários capítulos adiante possuem lembretes abordando as implicações de seus valores na Escala de Mentores em termos das questões e desafios de cada capítulo. O objetivo é lhe mostrar como usar seus pontos fortes e compensar os pontos fracos. É possível ser social ou receptivo demais? Claro! Não é importante, em algumas situações, ser altamente dominante? Claro! Contudo, para um relacionamento de *mentoring* eficaz, minha opinião é que se deve buscar mais sociabilidade e receptividade e menos dominância.

Lembre-se: a Escala de Mentores lhe dá uma leitura em determinado momento e ela pode mudar com as circunstâncias. Tenha em mente, também, que a escala avalia apenas três aspectos de sua personalidade de liderança. Não generalize os resultados além do objetivo deles; na maioria das vezes, usam-se instrumentos de personalidade para rotular ou classificar pessoas, desprezando-se a individualidade do ser humano. Aprenda com a Escala de Mentores – mas evite usar os resultados como se fossem sagrados.

Parte II

Ceder

NIVELE O CAMPO DE APRENDIZAGEM

Ceder

NIVELE O CAMPO DE APRENDIZAGEM

Luke Skywalker está preso em um planeta estranho, sua espaçonave submersa em lama. Sua única companhia é seu mentor, Yoda, o guerreiro Jedi.

– Use a força – diz a estranha e minúscula criatura.

– Tentarei – responde um Luke exausto e desanimado.

– Tentar? – replica Yoda. – Não há o que tentar. Apenas levante-a ou não.

Todos os fãs de *O Império Contra-ataca* sabem como esta cena termina. Depois que Luke desiste, Yoda, usando uma estranha conexão com um campo energético universal, retira a espaçonave da lama, colocando-a em terra firme. Embora seja apenas mágica cinematográfica, cada pessoa no cinema tem uma estranha identificação com o ato de Yoda.

A força por trás da ação de Yoda recebe muitos nomes. Um artista refere-se a ela como "a musa". Os surfistas chamam-na de "fluxo"; dançarinos, de "ardor"; outros, de "estar com desempenho excelente" ou "estar ligado". Não importa o nome, o sentimento é inconfundível. Há um momento similar, em um relacionamento de *mentoring*, quando tudo se encaixa e um ânimo ou força parece elevar a conexão a um nível de pureza, de compreensão tácita. Esses momentos despertam sabedoria, *insights* e crescimento. A aprendizagem ocorre à velocidade da luz. Parecemos surpreendentemente objetivos e singularmente receptivos à compreensão. Este é o auge do *mentoring*.

Como ocorre essa aprendizagem dinâmica? Que ação o mentor precisa empreender para incentivar esse momento sinérgico com um aprendiz? Em uma palavra: ceder. O primeiro passo mágico é ceder ao processo.

Ceder significa renunciar completamente a qualquer esforço para controlar ou manipular o resultado. Ceder significa colocar todos os esforços em ser totalmente autêntico, real, despojado de máscaras. Ceder significa dedicar-se ao ato de aprender, não ao de convencer. Como o consultor administrativo Bruce Fritch diz: "Ceder é o ato interpessoal mais corajoso e mais difícil que um líder pode empreender com um subordinado. Também é o mais poderoso."

Mentores cedem de várias maneiras. Uma delas pode ser chamada de "remoção da máscara" – a disposição de ser aberto e vulnerável. Todos nós usamos máscaras, em parte para nos protegermos da rejeição. Quando um mentor tira a máscara diante do aprendiz, muda a natureza do relacionamento de cautelosa para desprotegida. A energia normalmente dedicada a cobrir e proteger torna-se disponível para o *insight* e a descoberta.

Anos atrás trabalhei com o Dr. Richard Furt, um talentoso psicólogo consultor. Juntos, elaboramos e realizamos uma série de *workshops* executivos sobre *coaching* de desempenho. O conselho final que Richard deu aos participantes foi praticar as aptidões recém-descobertas com alguns subordinados na semana seguinte: "Comece a praticar, dizendo aos associados, por exemplo: 'Acabei de participar de um *workshop* sobre *coaching* de desempenho e aprendi algumas novas aptidões que quero usar em nosso relacionamento. No começo, cometerei muitos erros e estarei desajeitado, mas com a prática e com sua paciência, vou melhorar e nós dois sairemos ganhando'."

O conselho foi um valioso construtor de relacionamento. Nas sessões de acompanhamento, os participantes relataram um enorme êxito. A autenticidade fez com que os subordinados vissem seus líderes de outra maneira. Muitos relataram que as sessões com os subordinados passaram a ser a conversa mais poderosa e produtiva que jamais tiveram. O relatório executivo usual foi mais ou menos assim: "Quando desisti de forçá-lo a funcionar, pareceu criar vida própria e levou o relacionamento para onde ele precisava ir. Foi surpreendente. Nunca senti nada igual. Foi como mágica." Esta qualidade mágica de *mentoring* começa a acontecer com o ato de ceder.

Em essência, ceder diz respeito a ser assertivamente honesto e franco, com a intenção de ajudar, e não de ferir o outro. Há uma pureza e uma franqueza nos relacionamentos em que se valoriza a autenticidade. Grandes mentores preocupam-se o suficiente para serem honestos e francos; além disso, são curiosos e voltados para a aprendizagem a ponto de solicitarem e aceitarem a franqueza do aprendiz.

CAPÍTULO 4

Desenvolva Afinidade

O PODER DA EMPATIA

Empatia vem de uma antiga palavra francesa que significa "um retorno" ou "harmonia renovada". Esta definição nos lembra que empatia tem a ver, basicamente, com ações que visam a restaurar a segurança do vínculo com o qual iniciamos a vida: mãe e bebê. A vida, para a maioria de nós, não começa com ansiedade e medo, mas sim com segurança e confiança. O caminho da dependência para a independência nos ensina sobre rejeição, desconforto e dor. Nós nos protegemos com o escudo da personalidade (a palavra grega para "personalidade" significa "máscara") e supomos que cada novo relacionamento é uma ameaça até prova em contrário. O ritual do relacionamento é a retirada gradual da máscara.

O êxito de um relacionamento de *mentoring* pode depender dos primeiros encontros entre mentor e aprendiz. O tom definido na primeira reunião pode determinar se o relacionamento será produtivo ou repleto de medo e ansiedade. O desenvolvimento da empatia agiliza o ato de baixar a guarda; o aprendizado de qualidade não ocorre antes de o escudo de proteção abaixar o suficiente para o discípulo correr riscos diante do mentor. Por ser a pessoa que geralmente ocupa o assento do motorista no início do relacionamento, o mentor precisa assegurar um bom começo – a renovação do vínculo original.

Se o primeiro encontro fracassar, o relacionamento de *mentoring* ainda pode ser reparado? Claro – e graças a Deus. A maioria de nós consegue se lembrar de uma amizade sólida que começou sem uma boa base. Também nos lembramos de quanto tempo e energia gastamos para superar aquele começo instável. Mas quanto mais rápido conseguimos estabelecer uma empatia, mais tempo e energia poupamos – e quanto antes o relacionamento se solidificar, mais rápido ocorrerá o aprendizado. Os antigos costumes dos moradores do sul dos Estados Unidos de levar um presente ao visitar um amigo, contar uma história engraçada para iniciar um discurso ou conversar fiado para agilizar uma venda reconhecem que os começos são potencialmente delicados e instáveis.

OS COMPONENTES DA EMPATIA

O que o desenvolvimento de empatia acarreta para um mentor? Como o mentor estabelece conforto, confiança e afinidade desde o início? A seguir, faremos uma análise dos quatro componentes da empatia: comunicação nivelada, gestos generosos, receptividade aos sentimentos e respostas reflexivas. (Tudo bem, provavelmente existem 25 componentes – ou 2500 –, mas neste livro trabalharemos com quatro. Todos nós sabemos que não existe um número finito da maioria das coisas, sobretudo em áreas como hábitos, maravilhas do mundo, maneiras de abandonar seu amante ou componentes da empatia. Os quatro citados foram escolhidos por conveniência e funcionalidade.) A questão é: desenvolva suas próprias técnicas para construção de empatia de maneira coerente com o espírito desses componentes. Para impulsionar seus esforços, incluí várias aplicações em cada seção.

Comunicação Nivelada

A empatia começa com os sons e as imagens da receptividade e das saudações positivas. Qualquer pessoa normal que se aproxima de um encontro potencialmente ansioso ligará as antenas em busca de pistas sobre o caminho à frente: esta situação me constrangerá? Será que este indivíduo vai tirar proveito de mim? Serei eficaz neste encontro? Algum perigo me espera?

Dada a busca do aprendiz pelos primeiros sinais de alerta, o mentor precisa transmitir rapidamente sinais de boas-vindas. Uma postura receptiva (por exemplo, braços descruzados), gestos entusiasmados e calorosos, contato visual, remoção de barreiras físicas e saudações personalizadas transmitem o desejo de um campo de jogo nivelado. Mentores que transmitem sinais de poder (olhar por cima de uma mesa imponente, deixar que o aprendiz faça todos os esforços de aproximação, linguagem corporal rígida e fechada, modos reservados ou expressões faciais que expressam distância) correm o risco de fracassar totalmente na tentativa de estabelecer uma boa parceria de *mentoring*.

Gestos Generosos

A comunicação inicial pode sinalizar apenas que o caminho à frente pode ser seguro para o percurso; não garante empatia. O adágio "os atos falam mais que as palavras" encaixa-se perfeitamente neste ponto. Os aprendizes precisam de um gesto ou ação que possam entender como um sinal de afinidade.

Estabelecer empatia é parecido com paquerar. Você não diz: "Oi, meu nome é Bill. Vamos nos casar. Amanhã às três está bom para você?" Há pequenos detalhes como namoro, presentes, festas, conhecer a família, chá de panela, igreja e cartório – todas as preliminares necessárias para um relacionamento duradouro e compensador.

Os melhores mentores são bastante criativos no que diz respeito a esses sinais. A frase superficial "Aceita um café?" é certamente um gesto generoso batido. Contudo, pense como uma afirmação do tipo "Pedi ao meu assistente que localizasse este artigo porque pensei que poderia ser útil para você" seria muito mais poderosa como evidência inicial de que o relacionamento será agradável. Certa vez, tive um mentor que mantinha um estoque de geléias caseiras feitas por sua mulher para os visitantes. O presente era sempre concedido no início do encontro, não no final.

Há tantas maneiras de sinalizar a boa intenção quanto há mentores e aprendizes. Encontre aquele que melhor se adapta a você e funciona com seus associados.

Receptividade aos Sentimentos

O grande psicólogo Carl Rogers escreveu muito sobre a saudação positiva incondicional e seu impacto nos relacionamentos. Suas pesquisas afirmaram repetidas vezes a função que uma atitude generosa tem sobre o bem-estar e a cura psicológica. Um bom mentor estabelece empatia por meio de uma atenção cuidadosa aos sentimentos do aprendiz no início do encontro. Quando as pessoas acreditam que são ouvidas e compreendidas, sentem-se seguras e à vontade. Estabelecer empatia não tem a ver com perguntar: "Como você se sente?" Tem a ver com ouvir atentamente para apurar os sentimentos por trás das palavras – e (como veremos no Capítulo 11) dar respostas que reconheçam esses sentimentos.

Em seu artigo "O que é exatamente carisma?", Patricia Sellers descreve Orit Gadiesh, ex-presidente da prestigiosa empresa de consultoria Bain & Company: "Orit tem um talento para fazer você se sentir a pessoa mais importante na sala. Ela sangra seu sangue". Uma maneira pela qual faz os clientes se sentirem importantes, segundo Sellers, é nunca olhar no relógio. Na Bain, Gadiesh era considerada a mentora mais generosa dos consultores novatos.

Em "Mockingbirds", Mary Oliver conta sobre um casal idoso que recebe a visita de desconhecidos em sua modesta casa. Sem nada para oferecer aos visitantes, o casal simplesmente os ouve com todo o coração. Na verdade, os desconhecidos são deuses que consideram a atenção do casal como o melhor presente que os seres humanos podem dar. Deuses e aprendizes se emocionam com mentores que os ouvem com o coração. Como mentor, pergunte-se continuamente: "Como ele deve estar se sentindo neste momento? Como eu me sentiria se invertêssemos os papéis?"

Respostas Reflexivas

A receptividade aos sentimentos do aprendiz permite oferecer uma resposta reflexiva personalizada que diz: "Já passei por isso". Este gesto, outra maneira de dizer "Sou igual a você", promove a afinidade e a proximidade vitais à confiança. O objetivo é a identificação empática. Empatia é diferente de simpatia. A palavra "simpatia" origina-se do grego *synpatheia*, que significa "sentimento compartilhado". Empatia significa "dentro do sentimento", ou a capacidade de entender os sentimentos alheios. A força do relacionamento não é gerada por "Miséria pouca é bobagem"; ela advém de uma identificação do tipo "Também já passei por isso".

Respostas reflexivas podem ser tão simples quanto uma história pessoal sucinta que informa ao aprendiz que você valoriza os sentimentos dele. Histórias levemente autodepreciativas também podem funcionar. Acima de tudo, a empatia se encaixa melhor com a humildade e a sensibilidade. Se você se sentir constrangido, fale. Se você se sentir entusiasmado, fale. Quanto mais rápido expressar seus sentimentos, mais rápido seu aprendiz corresponderá à sua vulnerabilidade.

Essas idéias sobre empatia têm por objetivo estimular seriamente seu raciocínio sobre como iniciar esta importante etapa inicial de *mentoring*. Contudo, você também deve ter em mente que o principal ingrediente na receita da empatia é a autenticidade. Quanto mais você ceder, diante do aprendiz, a quem você é, mais à vontade ele vai se sentir. A compatibilidade é tão vital em *mentoring* quanto em qualquer outro relacionamento importante. A rapidez e a eficácia com que se estabelece a compatibilidade pode fazer uma enorme diferença na competência demonstrada pelo aprendiz.

Jack Gamble e a Empatia

(Uma releitura do capítulo "*Mentoring* em ação")

– Desculpe-me pelo atraso! – ela ouviu a voz atrás de si. – Aceita um copo de chá gelado, caseiro, muito bom? – indagou com o mesmo estilo travesso usado para contar a piada da mula.

– Não – disse Tracy, mais bruscamente do que pretendera.

continua...

Jack serviu-se do enorme jarro azul. Virou-se quando começou a falar, usando palavras repletas de confiança e simpatia: – Tracy, estou muito entusiasmado em trabalhar com você. Sarah, do recursos humanos, me disse que você é excelente engenheira de sistemas.

Tracy não sabia o que responder, mas ele continuou, pelo jeito ainda sem querer uma resposta dela: – Você trabalhou no LWB-211, sobre o qual eu gostaria de saber mais. Ainda não recebemos nenhum, mas está em nossos planos para o quarto trimestre. Como posso ajudá-la a se instalar?

Tracy não sabia ao certo, mas perguntou a Jack se teria um *laptop* com um *modem* de alta velocidade que lhe permitisse acessar a intranet da empresa quando estivesse viajando a trabalho.

– Esta é nova – disse Jack, anotando em um pequeno bloco. – Vou perguntar e lhe informo imediatamente. Tenho uma lista de perguntas que os novatos fazem, juntamente com as respostas. Fiz uma cópia para você, mas a pergunta do *modem* não está nessa edição!

Tracy começava a se sentir mais à vontade com Jack.

– Não sei o que você acha desta fábrica – prosseguiu Jack –, mas certamente me lembro de como me senti no começo. Parecia uma família unida que não queria mais primos! Lembro-me de ter ficado completamente apavorado, imaginando se tinha tomado a decisão errada. Mas decidi que não me deixaria vencer. Simplesmente comecei a agir como se já fosse da família. E sabe de uma coisa? Funcionou como sempre funciona minha 30-06 quando saio para caçar!

Tracy ficou surpresa: – Você é caçador? – ela perguntou.

Os olhos de Jack brilharam, travessos. Parecia alguém que fora pego com a boca na botija: – Pode apostar que sim! – ele disse. – E se você não for, então mexi em um vespeiro, usando uma expressão que somente outro caçador entenderia.

– Eu também caço – respondeu Tracy, de certa forma aliviada ao ver que tinha uma coisa em comum com aquele estrangeiro de fala mansa.

– Maravilhoso! – disse Jack. – Você gosta de caçar?

Tracy fez que sim: – Caço qualquer coisa na temporada – ela disse. Era sua primeira incursão nos costumes sulinos.

Jack inclinou-se para frente: – Ótimo! Já viu a nova edição de *Field and Stream*?

Ela fez que não.

continua...

– Tenho um exemplar bem aqui. Gostaria de ler? Há um ótimo artigo sobre a caça; algumas idéias malucas que pretendo experimentar na próxima vez que meu filho e eu formos caçar.

Tracy começou a se soltar à medida que conversavam sobre seu recém-descoberto interesse comum.

"A educação real consiste em extrair o melhor de si mesmo."

– Mohandas Gandhi

CAPÍTULO 5

Os Elementos para Construir Confiança

"ISSO PODE SER O COMEÇO DE ALGO IMPORTANTE!"

Em 30 de outubro de 2000, uma segunda-feira, Stephen Valentine Patrick William Allen morreu de um provável ataque cardíaco aos 78 anos de idade enquanto cochilava na casa do filho em Encino, Califórnia. Autor de mais de cinqüenta livros e cinco mil canções, Steve Allen era considerado o pai dos programas de entrevistas apresentados no final da noite. O mundo o conhecia como um comediante de sucesso, músico talentoso e apresentador inovador de programas de entrevistas. Mas, para os incontáveis artistas que tiveram o privilégio de substituir Allen – Andy Williams, Steve Lawrence, Eydie Gorme, Steve Martin, Billy Crystal, Don Knotts e Bill Dana –, ele era um mentor completo.

Na noite após sua morte, Larry King apresentou um programa especial na CNN sobre o grande Steve Allen. Admiradores como Ed McMahon, Carl Reiner, Steve Lawrence e Mike Douglas participaram do programa. Entre os que telefonaram enquanto o programa era apresentado estavam Don Rickles e Andy Williams. Nos dias que se seguiram, outras entrevistas na mídia somaram-se ao epitáfio elaborado pelos convidados de King, revelando a razão para o enorme fã-clube de Allen formado pelos grandes nomes do entretenimento. Allen atuou como mentor de todos eles com confiança.

Confiança é uma *commodity* fundamental em um relacionamento de *mentoring*. Na verdade, pesquisas mostram que mesmo que o mentor tenha excelentes aptidões interpessoais, de nada valem sem um nível elevado de confiança. Por outro lado, um mentor com aptidões apenas modestas de *mentoring* pode obter êxito se o aprendiz vivenciar um nível elevado de confiança. Mas qual é a natureza da confiança? Se a confiança fosse algo que pudesse ser desmontado, que peças conteria?

Meu sócio, Ron Zemke, realiza amplas pesquisas sobre os elementos que resultam em confiança nos relacionamentos. Embora seu foco seja em *coaching*, os elementos se aplicam a quase toda aliança interpessoal. Confiança, segundo Zemke, é uma mistura de autenticidade (genuinidade), credibilidade (confiabilidade) e comunicação.

TRANSMITA GENUINIDADE À MANEIRA DE ALLEN

A confiança começa com a autenticidade. Confiamos no outro quando percebemos que seus motivos são genuínos ou autênticos. E Steve Allen sempre foi real! Sua autenticidade assertiva rapidamente acalmava até o mais tenso candidato a estrela. Em uma famosa cena no programa que antecedeu *The Tonight Show*, Allen riu da própria piada. Quanto mais ria, mais se divertia. Em vez de parar para recobrar a compostura, ele simplesmente deixou que sua risada espontânea corresse solta. Foi autenticidade pura, em alto e bom som. É uma das cenas mais engraçadas da história da televisão.

Embora fosse um dos comediantes mais brilhantes no mundo do entretenimento, Allen sempre parecia surpreso com a própria capacidade. Dava a impressão de estar tão ocupado olhando para o que poderia vir a ser que não tinha tempo para se vangloriar do passado. Seus fãs e aprendizes dizem que suas conversas de *coaching* eram mais uma investigação conjunta do que exibições lisonjeiras.

Você não é um Steve Allen, é isso que está pensando? Não importa. Há muitas maneiras de demonstrar a autenticidade, principalmente no início da sessão de *mentoring*. Comece com uma expressão facial agradável. Cumprimente o aprendiz como se estivesse realmente contente em recebê-lo. Transmita seu entusiasmo com o privilégio de ser mentor e o que isto pode significar para ambos. Procure uma maneira de fazer um elogio inicial honesto. E lembre-se sempre de duas coisas: seja completamente honesto, e nunca se comunique com o aprendiz de maneira paternalista. "Você tem uma excelente reputação de ser um discípulo entusiasmado" pode ser uma forma muito mais enfática de começar a conquistar a confiança do que "Essa maleta é, sem dúvida, muito elegante".

Se estiver se sentindo um pouco ansioso, diga a verdade – mas de uma maneira que ajude a construir vínculos. "Estou um pouco sufocado com esta tarefa de *mentoring*... mas, ao mesmo tempo, entusiasmado com o que poderemos conseguir juntos" é muito melhor do que "Estou muito ansioso, e você?". Revele algo pessoal sobre si mesmo, sobretudo algo que seu aprendiz talvez não saiba e que possa dar a ele uma pista sobre quem você é. "Sou uma pessoa reservada e, a princípio, pode parecer difícil me conhecer melhor" é muito mais recomendável do que "Gosto de beisebol, cerveja Pabst Blue Ribbon® e pessoas que dizem o que estão pensando. E você?".

TRANSMITA CREDIBILIDADE À MANEIRA DE ALLEN

A confiança depende de credibilidade. Confiamos no outro quando acreditamos que ele possui os meios de realmente desempenhar o prometido ou o necessário. Os meios incluem competência, qualificações e conduta correta. Examinamos as placas nas paredes do consultório médico, vemos o distintivo no uniforme do policial ou ouvimos o tom de voz do piloto durante a turbulência no vôo para obter indicações sobre questões de credibilidade.

Allen era excelente para demonstrar credibilidade como uma etapa na conquista de confiança. "E se fizéssemos assim?" era a frase que precedia suas lições sobre apresentações no palco. Seu tom possuía três ingredientes essenciais para transmitir credibilidade: exposição, investigação e inclusão. Allen sabia como se apresentar sem se exibir. Sua apresentação revelava a superioridade de seu enorme talento de uma forma que dava ao aprendiz uma confiança do tipo "esse cara é muito bom" sem desencadear uma reação interna intimidante de "eu nunca seria capaz de fazer isso". Suas lições eram do tipo "nós", como "uma pessoa inteligente servindo como mentor de outra pessoa inteligente". "Ele estava sempre disposto a compartilhar o que sabia", disse Ed McMahon, "como se o conhecimento fosse nosso o tempo todo e ele estivesse apenas devolvendo algo que tomara emprestado".

Como um mentor transmite credibilidade sem alienar ou intimidar o aprendiz? A credibilidade precisa se encaixar em um contexto, e o contexto de *mentoring* envolve apoio e parceria. Um técnico de boxe pode conquistar credibilidade com uma conduta tão desonesta e ríspida quanto um golpe de baixo para cima no queixo. O contexto da credibilidade para um cirurgião pode ser mais factual que ilustrativo, baseado mais na técnica que na empatia. Mas no mundo dos negócios, expressa-se melhor a credibilidade com mais sutileza – da forma que se acrescenta uma pitada de sal a um prato sem graça. A credibilidade deve entrar no relacionamento como se fosse solicitada pelo aprendiz, e não enviada pelo mentor.

Conte uma história pessoal que use seus conhecimentos especializados como contexto, não como tema. "Quando estava ajudando Jack Welch a preparar seu plano estratégico, enfrentamos o dilema de como obter o endosso entusiasmado do sindicato..." Tempere uma afirmação com pequenas informações de seu currículo: "Sua nova função parece tão interessante quanto o cargo de vice-presidente regional que ocupei na África do Sul, em 1988!" Compartilhe um acontecimento que beneficie o aprendiz, mas exalte sua competência ou valor: "Talvez este artigo que escrevi para a *Harvard Business Review* lhe seja útil para explicar um pouco da loucura deste setor". Faça perguntas que revelem conhecimentos especializados... mas nunca para testar ou demonstrar arrogância. Lembre-se: a credibilidade é uma ferramenta para a confiança – a confiança de seu aprendiz! Considere a exposição de seus talentos a partir da perspectiva das necessidades de seu aprendiz, e não das suas.

TRANSMITA QUALQUER COISA À MANEIRA DE ALLEN

As pesquisas de Zemke indicam que a confiança advém, em parte, de uma comunicação que contém dois aspectos: tarefa (enfatiza precisão e autoridade) e pessoal (enfatiza empatia e consideração). Quando alguém fala com notável autoridade e clareza, nosso medidor de confiança sobe. Quando alguém tenta se comunicar conosco visando obviamente ao nosso bem-estar, ganha nossa confiança. A confiança interpessoal é, por definição, tanto pessoal quanto interpessoal – ou seja, "entre pessoas". E o vínculo que temos entre pessoas é nossa maneira de comunicação.

Steve Allen era um mestre nos dois aspectos da comunicação para desenvolver confiança. Sua voz retumbante podia ser ouvida em meio a uma festa agitada. E o fato de ter mais de 1,80 metro de altura não atrapalhava sua habilidade de projeção. Mas era sua pureza de propósitos que chamava atenção. "Era um homem que falava com convicção", disse seu aprendiz, Andy Williams. "Quando falava, as pessoas ouviam porque, além de saber sobre o que estava falando, ele dava a impressão de saber sobre o que estava falando." Quando pedia ao público que lhe desse um tema sobre o qual pudesse compor uma canção na hora, havia sempre muitos voluntários. O público sabia que seus pedidos confiantes não só transmitiam sua segurança, mas também resultavam em divertimento, sem alimentar sua arrogância.

Ao falar com o aprendiz, pense na conversa como uma comunicação para desenvolver confiança que aumenta em custo a cada palavra supérflua usada... o excesso de palavras é caro; a brevidade é econômica. Concentre-se em ser preciso e específico. Este é um elemento fundamental para conquistar confiança. Mas aqui está a parte igualmente importante: à medida que subtrair sílabas, acrescente expressões de bondade. Confiança diz respeito tanto à transmissão de interesse sincero no aprendiz quanto à atenção escrupulosa dedicada à clareza.

Ao oferecer orientações ou *feedback*, faça sugestões óbvias e claras; fale com a segurança de sua experiência. Ao receber *feedback* de seu aprendiz, faça elogios e seja ousado para promover um aprendizado adicional; demonstre segurança em sua capacidade de transformar até mesmo observações negativas em uma oportunidade de crescimento. "Mas e a humildade?" você talvez possa questionar. Humildade e segurança são parceiras iguais na conquista da confiança. Mentores não precisam abaixar a cabeça e gaguejar para demonstrar humildade sincera. Uma natureza despojada significa comunicar de maneira simples, sem acrescentar nossos interesses. É o ato de estar centrado que um sábio pode transmitir ao discípulo, a paz que um professor pode transmitir ao novo aluno.

"A maior parte dos conselhos que recebemos de outros é mais uma prova de sua afeição por si mesmos do que de sua afeição por nós."

– Josh Billings

A genialidade de Steve Allen não se encontra nos arquivos de seus muitos programas de TV, livros e partituras musicais que revestem as paredes das bibliotecas. Ela vive nos artistas famosos que refletem seus ensinamentos. Quando Andy Williams canta Moon River, ou o covarde Don Knotts gagueja: "Mas, mas, mas, Andy...", ou Steve e Eydie cantam: "Our love is here to stay[1]", há um pouquinho de Steve Allen brilhando ali. E mentores que aprendem a construir confiança à maneira de Allen são igualmente abençoados por seu legado.

CAPÍTULO 6

Coloque o "Nós" em Confiança

MISTURE HUMILDADE COM CONFIANÇA

O carro mais famoso em Charlotte, Carolina do Norte, em 1971, era um Mercedes-Benz esporte, antigo e perfeitamente restaurado, conduzido diariamente pelo proprietário, Luther Hodges, Jr. Na época, Luther era presidente do Conselho do North Carolina National Bank e filho de um ex-governador da Carolina do Norte e membro do gabinete administrativo de Kennedy. Alto, bonito e educado em Harvard, Luther era um líder impressionante. Junto com O Carro, ele era simplesmente impressionante!

Eu estava no banco há apenas alguns meses e me considerava cerca de 347 níveis abaixo de Luther. Minhas reuniões ocasionais com ele eram sempre cordiais, calorosas e otimistas. Ele fazia o impossível para ajudar a acalmar minha óbvia ansiedade por estar na presença do presidente do Conselho. Eu queria aprender com ele – e ele, sem dúvida, me concedeu a oportunidade. Contudo, o espaço emocional entre nós parecia grande demais para mim. Escolhia as palavras cuidadosamente na presença dele. Aprender com o Sr. Hodges sempre ficava em segundo plano em relação a impressioná-lo. Isto é, até O Carro mudar tudo.

> **"Eu o convido a olhar a vida dos homens como se fosse um espelho, e deles retirar um exemplo para si mesmo."**
>
> **– Terêncio (190-159 a.C.)**

Eu acompanhava Luther e meu chefe a uma reunião em Raleigh, cerca de três horas de Charlotte, onde morávamos e trabalhávamos. Meu chefe e eu fomos no Ford da empresa, retirado apenas em seu nome. Luther foi dirigindo O Carro. Nossa reunião acabou tarde, e Luther e meu chefe resolveram pernoitar e voltar na manhã seguinte para que pudessem conversar no caminho. Havia, porém, dois probleminhas: como eu retornaria a Charlotte naquela noite e como O Carro retornaria a Charlotte?

– Chip, por que não vai para casa em meu carro? – sugeriu Luther, com seu sorriso Steinway. – Vá ao trabalho de manhã, estacione em minha vaga, e deixe as chaves com Pam. Eu lhe darei uma carona amanhã à tarde.

Meus ouvidos retiniam, meu coração batia forte e não consegui falar por uma eternidade. O presidente do Conselho queria que eu dirigisse O Carro até minha casa! Ele confiou a mim seu bem mais precioso! A distância entre nós se evaporou; subitamente senti que Luther era meu amigo. Minha ansiedade se transformou magicamente em confiança e – embora eu não soubesse na época – aquilo marcou o início de meu aprendizado real.

Parcerias de *mentoring* só funcionam quando há confiança. E a confiança advém, em parte, da transmissão de humildade. Luther era aberto e confiável. Igualmente importante, sua autenticidade aparente fomentou minha coragem para agir da mesma maneira. A humildade tem um papel especial nos relacionamentos em que há uma distribuição desigual de poder: a confiança é o fator de equilíbrio.

COLOQUE O APRENDIZ À DIREITA

Logo cedo aprendi, na escola e na igreja, que sentar à direita era um privilégio especial. A Bíblia faz muitas referências a "sentar à direita do Pai". Os reis colocam seu aliado mais importante à sua direita quando vão a um banquete. Anos depois, aprendi a origem deste costume. Como as pessoas em geral, a maioria dos reis (e autores da Sagrada Escritura) era destra. Nos tempos da espada e da adaga, o lado direito era o mais difícil para um destro defender. Desembainhar a espada com a mão direita e acertar o alvo era um movimento complicadíssimo. Por isso, o rei convidava o indivíduo em quem mais confiava para se sentar do lado mais vulnerável. Tornou-se uma posição de honra.

O equivalente a colocar o aprendiz à sua direita é qualquer ação que deliberada e simbolicamente transmita confiança e honra. Luther permitiu que eu dirigisse O Carro. Agora que passei dos 50, fico um pouco constrangido ao lembrar como me senti; parece infantil e imaturo. Mas se eu retroceder 25 anos em minha história de vida e refletir sobre a experiência, lembrarei que tive o mesmo sentimento aos 10 anos de idade, quando meu pai me mandou buscar o trator e estacioná-lo na frente do celeiro.

As ações mais eficazes do tipo sentar-se à direita são as personalizadas. Elas demonstram dramaticamente dois aspectos do relacionamento: uma profunda compreensão do indivíduo e o reconhecimento de que a confiança é criada por meio de ações verdadeiras. Um amigo meu se lembra de quando seu mentor o mandou a uma reunião importante para substituí-lo. Um sócio de uma consultoria descreve uma ocasião em que um gigante em sua área foi incapaz de manter um acordo e o recomendou como substituto. Um chefe meu, inesperadamente convocado fora do país, me pediu que entrevistasse um candidato para uma posição muito alta na empresa e ofereceu o uso de seu gabinete executivo para a entrevista. Gestos assim transmitem uma confiança especial.

DEMONSTRE HUMILDADE HONESTAMENTE

A Johnson & Johnson, uma das organizações mais confiáveis no mundo atual, melhorou sua reputação durante seu pior momento: o incidente de intoxicação com Tylenol®. Em vez de encobrir o problema ou apresentar desculpas, a empresa gastou mais de US$100 milhões para retirar cada frasco de Tylenol® das prateleiras em todo o mundo. Embora tenha ficado provado que o incidente foi resultado de sabotagem, a J&J assumiu a responsabilidade – e ganhou enorme respeito e confiança renovada dos consumidores. A reputação do ator Hugh Grant sofreu apenas um arranhão após sua aventura com uma prostituta porque, em vez de evitar a imprensa ou negar as acusações, ele foi ao programa *Larry King Live*, admitiu seus "pecados" e pediu o perdão do público.

Todos os relacionamentos passam por altos e baixos e momentos nada perfeitos. O mentor que assume responsabilidades e dramaticamente demonstra humildade e autenticidade é o que cultiva a confiança. Além de Luther me emprestar O Carro, ele também se colocou no mesmo nível que eu em termos de erros, esforços e desafios. Quanto mais eu via sua humildade, mais confiava nele.

Em um grande evento social no Ovens Auditorium, em Charlotte, Carolina do Norte, organizado para anunciar oficialmente sua candidatura ao Senado americano, Luther dependia aberta e totalmente de suas anotações quando começou o discurso preparado. O público ouvia educadamente. Luther nunca se sentiu à vontade como orador. Na metade da cerimônia, ele perdeu o fio da meada. Fez uma piada meio esquisita e sem jeito e improvisou por alguns instantes enquanto lutava para colocar as páginas em ordem. Antes que pudesse se recuperar totalmente, o público irrompeu em um aplauso solidário. Era o Luther sincero, genuíno e imperfeito que eles adoravam, não o Luther que lia o discurso com perfeição.

Remover a máscara é a essência humilde da confiança. Humildade não requer que você caia sobre sua espada, nem significa anunciar em alto e bom som suas imperfeições. Significa trabalhar arduamente para ser aberto e vulnerável com os aprendizes, permanecer atento a oportunidades de demonstrar empatia (entendo como se sente) em vez de pesar (estou triste com a maneira como você se sente). Significa trabalhar para eliminar qualquer nuance de hierarquia, poder ou status do relacionamento. *Mentoring* tem a vem com eqüidade.

TRANSMITA COMPETÊNCIA CUIDADOSAMENTE

O desafio do mentor, ao transmitir competência, é não demonstrar arrogância. Como você demonstra esperteza sem ser um sabe-tudo? E há o outro lado da moeda: embora a humildade seja sempre uma virtude, seu excesso pode ameaçar a confiança que o aprendiz deposita em você. Comentários modestos, um símbolo de modéstia, se usados com moderação, podem abalar a confiança quando vamos longe demais. "Grandes líderes", disse Luther Hodges a uma de minhas turmas avançadas de liderança, "estão dispostos a permitir que seus seguidores vejam seu lado fraco. E seu lado forte." Chame isso de totalidade, equilíbrio, congruência – a meta é uma presença que gera confiança.

Portanto, deixe o aprendiz sentir o orgulho que você tem de sua capacidade. Não se vanglorie; apenas reconheça sua boa sorte. Não deixe de dar aos outros o crédito merecido: "Tive muita sorte de aprender com Tom Connellan. Uma das coisas que ele me ensinou foi..." Demonstre sua vontade de compartilhar suas competências com o aprendiz, quaisquer que sejam elas. Deixe-o saber que, embora você tenha algo de valor superior, não acredita que isto o torne superior.

Colocar o "nós" em "confiança" envolve lembrar que a confiança ocorre em uma dimensão íntima e interpessoal. A confiança é algo que acontece dentro das pessoas apenas quando é cultivada entre elas. Não acontece por acaso; é criada de propósito, com total consciência do mentor de como suas ações afetam o aprendiz.

E o que aconteceu com Luther e O Carro? Luther perdeu a eleição para o Senado, mas tornou-se subsecretário de comércio na administração Carter, depois presidente do conselho de um banco em Washington, D.C. Hoje, do escritório em Phoenix, administra diversos empreendimentos em todo o mundo. Manteve O Carro por muitos anos, vendendo-o finalmente em D.C. Após trinta anos, ainda nos correspondemos. E há pouquíssimas pessoas no mundo em quem confio mais do que no presidente do Conselho Hodges.

CAPÍTULO 7

Alunos Assustados

QUANDO O MEDO E A APRENDIZAGEM COLIDEM

O medo tem uma carreira longa e repleta de altos e baixos como ferramenta educacional. Pergunte a um supervisor educacional do ensino médio e a um sargento do exército sobre a função do medo na aprendizagem, e ouvirá duas respostas completamente distintas. No filme *O preço do desafio*, Edward James Olmos demonstra um estilo de *mentoring* completamente oposto ao de John Houseman em *O homem que eu escolhi*. (Os dois filmes se basearam em pessoas reais. Houseman fez o papel do professor Kingsfield, um personagem fictício baseado em um professor de direito da vida real. Olmos representou Jaime Escalante, um herói verdadeiro da educação em Los Angeles.) Alguns dizem que o medo é um parceiro saudável no aprendizado que envolve simples aptidões motoras – acampamentos militares, escolas de pára-quedismo, academias de polícia. Contudo, a maioria dos estudantes de direito não diria que sua experiência intimidante na faculdade esteve ligada a um assunto que fosse simples ou motor. O debate continua.

Este capítulo baseia-se na premissa de que o medo é muito mais um ponto negativo do que positivo na aprendizagem. Um ambiente de aprendizagem litigioso e repleto de provas pode mexer com a adrenalina, mas não aumenta a aptidão. Discípulos temerosos costumam correr menos riscos. Um ambiente de trabalho continuamente avaliador pode desencorajar o crescimento ao minimizar as situações de tentativa e erro necessárias à aprendizagem eficaz.

Contudo, alguns ambientes de trabalho deliberada e conscientemente inserem a avaliação no contexto. Uma grande empresa de contabilidade cultiva uma filosofia do tipo subir-ou-sair, forçando jovens profissionais a se tornarem sócios quando estiverem perto dos 40 anos de idade ou se prepararem para "ficar disponível para o mercado". Uma certa empresa de software, muito conhecida, demonstra baixa tolerância ao erro ao dizer aos novos contratados: "A nata chega ao topo", "Se não suporta o calor, saia da cozinha" ou "Na Bitbucket, Inc., apenas os fortes sobrevivem". Da mesma maneira, uma grande indústria ancora seu estilo de inspeção em uma filosofia do tipo "Faça corretamente na primeira vez". Uma vez que o mentor talvez tenha pouco ou nenhum controle sobre um ambiente de trabalho avaliador, como fazer o *mentoring* funcionar melhor quando o aprendiz estiver assustado?

Os fatores para a redução do medo originam-se do mesmo tecido filosófico que o estabelecimento de empatia. Contudo, a abordagem é diferente porque o objetivo "estabelecer" é substituído por "superar". Enquanto o foco para criar empatia é no apoio e na receptividade, o foco para superar o medo é na força e na compaixão. A ênfase é mais no ato de se livrar de algo do que no de dar as boas-vindas.

SENTIMENTOS IRRACIONAIS SÃO LEGÍTIMOS

Meu pai faleceu em 1995, aos 84 anos de idade, após sofrer de demência nos últimos anos de vida – uma condição semelhante ao mal de Alzheimer que fez com que sua mente, outrora brilhante, deteriorasse lentamente. É desnecessário dizer que observar esse ex-professor-*coach*-banqueiro-fazendeiro passar de superinteligente a incoerente foi doloroso para toda a família. Cinco semanas antes de ele morrer, minha esposa, Nancy, e eu o visitamos. O encontro dele com ela me proporcionou novos *insights* sobre a comunicação em meio ao medo.

Certa noite, Nancy sentou-se ao lado dele e começou a conversar como se ele estivesse normal. Ele respondeu, apontando o ar e dizendo:

– Ali! Estão vindo tomar minhas terras!

Ela apontou para o mesmo lugar e perguntou: – Estão ali?

– Sim – ele respondeu. – E estão furiosos comigo!

Novamente, ela concentrou a atenção nos vilões imaginários e perguntou, baixinho:

– Será que não estão vindo visitá-lo porque estão preocupados com o senhor?

Houve silêncio por dois ou três minutos; depois, meu pai sorriu e disse:

– Acho que você está aprontando alguma.

Seu medo desapareceu, ele passou a outro nível de consciência mental e, por algum tempo, conversaram quase como costumavam fazer antes.

É claro que há medos racionais. Em uma trincheira, o medo de ser morto é racional. Em um incêndio, o medo de se queimar é racional. No dentista, o medo do desconforto ou da dor é racional. Há também medos racionais no ambiente de trabalho. Contudo, a maioria dos medos não é lógica – é psicológica. Isso significa que esses medos são tão imaginários quanto os vilões no ar eram para o meu pai. Além disso, são igualmente reais!

A importante contribuição que o mentor pode dar em uma situação de aprendizagem é tratar todos os medos como racionais. Dizer a alguém que se sente amedrontado "Você não deveria se sentir assim" é descortês, depreciativo e desprezível. Lembre-se do adágio: "É mais fácil virar uma mula se, primeiro, você fizer com que ela ande". Para superar o medo, comece de onde o aprendiz se encontra, aceitando aquela posição como legítima. Minha esposa começou de onde meu pai estava – e dali conseguiu trabalhar com ele, fazendo-o perder o medo.

O MEDO É UMA NECESSIDADE AMEAÇADA

Ocasiões que despertam o medo físico são raras na vida organizacional. A maioria dos funcionários não se preocupa em receber sapatos de cimento ou cartas-bomba. A violência física ocorre, na maioria das vezes, nas páginas de ficção (veja as tribulações de Dagwood, em "Blondie"). Por outro lado, os medos organizacionais geralmente são psicológicos. As pessoas temem ser rejeitadas, parecer tolas, perder poder, parecer incompetentes, ficar desempregadas – uma ampla variedade de medos, exceto ser atirado pela janela com um pontapé do Sr. Dithers.

Não é função do mentor se transformar em psiquiatra e analisar o aprendiz. Contudo, para ser eficaz na redução do medo, o mentor precisa de uma clara compreensão do estado emocional do aprendiz. Se o medo declarado for "não estou recebendo uma oportunidade justa para o cargo de Terri Fritch", o medo real talvez seja "não sou reconhecido pelo meu trabalho árduo". Se você conseguir detectar o medo real, ou responder ao medo declarado ao mesmo tempo em que aborda o medo real, seu conselho será mais eficaz.

Necessidades ou motivações psicológicas são a principal fonte de energia para ações individuais; o medo é uma reação secundária. Considere-o como o outro lado de uma necessidade psicológica de alta prioridade. Para os objetivos deste livro, suponhamos que todos os seus aprendizes dão valor máximo a uma destas quatro necessidades – realização, reconhecimento, poder ou controle.

Visar a necessidade prioritária do aprendiz é parte fundamental do *mentoring* eficaz. Ao observar as ações do aprendiz, tenha em mente essas quatro necessidades básicas (segundo a famosa pesquisa de David McClelland, de Harvard). Você verá que são reveladoras. (Antes de prosseguirmos, é importante dizer que os humanos são complexos demais para serem enquadrados em apenas uma de quatro categorias. Todos temos essas necessidades; diferimos, em parte, em relação à prioridade que necessidades específicas desempenham em nossas vidas. Minha enorme necessidade de controle talvez não seja tão importante em sua vida; sua grande necessidade de realização pode ser de baixa prioridade para mim. Ambos temos necessidades de controle e realização; diferimos na importância relativa que elas possuem em nosso esquema de vida.)

Necessidade de Realização

Pessoas que dão alta prioridade à realização são motivadas, em parte, pela necessidade de ter as qualificações necessárias, de obter bons resultados, de ser bem-sucedidas. Valorizam o desafio e a conclusão e exigem liberdade de ação. Barreiras às oportunidades as deixam frustradas. Valorizam o *feedback* sobre o desempenho ("Este trabalho é muito criativo") mais do que o *feedback* pessoal ("Você é muito criativo"). Apreciam o respeito profissional de outrem, mas geralmente não desperdiçam energia se preocupando com o que pensam deles. Seus escritórios ou baias de trabalho costumam ser mobiliados com itens práticos e que as auxiliam a alcançar determinada meta.

Necessidade de Reconhecimento

Muitas pessoas são motivadas pela necessidade de afirmação, respeito e adoração alheia. Envolvem-se em ações que lhes proporcionem aprovação. Costumam evitar conflito interpessoal, temendo a rejeição. Valorizam o *feedback* pessoal, sobretudo daqueles que possuem autoridade. Gostam de popularidade e geralmente são (mas nem todas) muito sociáveis. Quase sempre expõem artigos ligados a relacionamentos, por exemplo, fotos de família ou em grupo, ou itens que convidam o observador a fazer um comentário positivo.

Necessidade de Poder

Indivíduos cuja necessidade mais prioritária é o poder gostam de dominar os outros. Exigem respeito e lealdade. Podem ser temperamentais e explosivos, sobretudo em questões de lealdade ou com o potencial de perder o domínio. Podem ser valentões passivos ou agressivos, cercando-se de pessoas que podem dominar. Colocam energia em símbolos de poder e status como confirmação para si mesmos e lembretes aos outros. Seja um título, clube, carro ou um escritório confortável, necessitam de sinais e símbolos de autoridade.

Necessidade de Controle

A necessidade de controle tem similaridades comportamentais à necessidade de poder. Contudo, o foco é menos em dominar pessoas e mais em dominar eventos ou situações. Pessoas controladoras costumam ser detalhistas, quase sempre dedicando energia à forma, e não à substância. Se seu controle é ameaçado, logo ficam frustradas, e às vezes ficam amuadas ou dão chiliques. Em geral, cuidam de todos os detalhes da operação, embora a necessidade de ordem possa aparecer como uma obsessão com organização.

> **"Ser bem-educado é ser capaz de ouvir quase tudo sem perder a compostura ou a autoconfiança."**
> **– Robert Frost**

Portanto – o que fazer com tudo isso? Várias medidas podem transformar suas observações em uma melhor compreensão do aprendiz. Preste bastante atenção às suas ações e pergunte-se: que necessidade ele está tentando preencher ao escolher esta ação? Examine momentos de raiva. A raiva, como o medo, é um sentimento secundário; a raiz do problema geralmente é uma necessidade frustrada. Indivíduos com grande necessidade de realização temem fracassar; os que têm grande necessidade de reconhecimento têm medo de rejeição; indivíduos com muita necessidade de poder temem parecer fracos; e aqueles com grande necessidade de controle temem errar. Lembre-se: quanto maior a prioridade que a necessidade tem na vida do aprendiz, mais temeroso (e furioso) ele ficará se perceber que ela está ameaçada.

Observe os objetos que o aprendiz escolhe e expõe. Se há prêmios ou diplomas na parede, o que isso lhe diz sobre aquele indivíduo? E alguém que coloca à mostra retratos de familiares ou amigos? Que tipo de pessoa dirige um carro esporte vistoso? Qualquer um desses fatores, sozinho, conta-nos muito pouco. Contudo, um acúmulo de observações, o padrão geral de comportamento, pode lhe dar informações vitais sobre o que é mais importante para o aprendiz.

O MEDO É UM ESPELHO DA AUTO-ESTIMA

Suponhamos que você agora tenha uma compreensão mais clara do indivíduo. E depois? A primeira coisa que pode fazer é prestar atenção às nuances, sutilezas e entrelinhas de suas conversas com o aprendiz – qualquer coisa que possa sinalizar um medo que precisa ser abordado. Depois, responda às palavras literais de uma pergunta enquanto aborda a questão mais profunda que, em sua opinião, estaria alimentando o medo do aprendiz.

Além disso, você pode desempenhar um papel importante melhorando a baixa auto-estima do aprendiz e, assim, ajudando-o a eliminar o medo. Mentores não dão coragem, eles a revelam. Você pode ajudar o aprendiz a encontrar a coragem oculta de duas maneiras:

- **Use muitas afirmações positivas!** Às vezes, os mentores se dirigem aos aprendizes como se afirmações fossem presentes caros e raros que devem ser distribuídos com parcimônia. Em algum lugar, ouviram que o excesso de elogios torna o aprendiz preguiçoso. Trata-se de uma triste mentira. William James, o grande psicólogo e filósofo, disse: "O desejo mais profundo do ser humano é a necessidade de ser valorizado". Procure coisas para elogiar; distribua elogios generosamente, com sinceridade e entusiasmo.

- **Suponha que o aprendiz não tem motivo para apresentar baixa auto-estima.** Isso significa nunca aceitar uma opinião inferior que o aprendiz tenha de si mesmo. Embora isso possa parecer duro, talvez seja um presente poderoso. Essa mensagem sutil na atitude do mentor estimulará o aprendiz a se esforçar para realizar suas expectativas e, com o tempo, ajudará o aprendiz a abandonar a antiga opinião de si mesmo e a se valorizar. Lembra-se de *My Fair Lady*? O professor Henry Higgins queria ver se conseguia tirar uma pobre florista das ruas de Londres e treiná-la para que passasse como membro da nobreza em um baile da alta sociedade. Eliza Doolittle aprendeu os modos e a fala de uma aristocrata e transformou-se em uma dama da sociedade.

O medo é uma barreira à aprendizagem. Quando os aprendizes chegam ao ambiente de aprendizagem com medo, limitam a profundidade e a amplitude de seu crescimento. Grandes mentores são caçadores de medo. Convide seu aprendiz a caçar o medo com você, e juntos desfrutem a abundância do sucesso.

CAPÍTULO 8

Para o Aprendiz

ACALME SEU CORAÇÃO ANSIOSO

Livros sobre *mentoring* quase nunca são dirigidos aos aprendizes. E não existem muitos livros no mercado sobre como ser um bom aprendiz. Este livro é diferente. *Mentoring* deve ser uma parceria, um ato de aprendizagem recíproca. Como tal, é importante que ambos os parceiros façam a sua parte para tornar eficaz a investigação conjunta.

Este capítulo é o primeiro de quatro sobre o papel do aprendiz no processo. Fui aprendiz muitas vezes, algumas boas e outras nem tanto. Tentei recordar como era – o que passava pela minha cabeça e pelo meu coração. Além disso, entrevistei muitas pessoas que foram aprendizes em um relacionamento formal de *mentoring*. Esta parte do livro é uma compilação de um esforço do tipo "ponha-se no lugar de outrem".

Os capítulos "Para o Aprendiz" terão o formato de um roteiro. Ao lê-los, você passa a ocupar a posição do aprendiz em uma história que acompanha o desdobramento de um relacionamento de *mentoring*. E você será a única pessoa real nesta história. O mentor é fictício. Chama-se Dale e seu caráter é formado por uma mistura de muitos mentores típicos. A função de Dale é fornecer um apoio – ele não é a parte central da história – para ajudá-lo a analisar seus pensamentos e sentimentos em relação ao relacionamento de *mentoring*. Você é o ponto focal e, por isso, suas falas sempre aparecem em negrito.

Há um outro personagem fictício nesta história de quatro capítulos. Apropriadamente denominado *Sage*[1], ele (ou ela) é aquela sua parte brilhante que sabe tudo e sempre tem algo a dizer ou sabe o que fazer. *Sage* é o guru que lhe dá um tapinha no ombro e sussurra-lhe ao ouvido e que o orienta através de seu relacionamento com Dale. A aparência de *Sage* fica a seu critério. O meu *Sage* se parece com aquele elfo idoso, de barba branca, no anúncio dos Keebler's® Cookies alguns anos atrás, ou com a maneira como alguns livros infantis retratam Atchim em *Branca de Neve e os Sete Anões*, mas ele é do tamanho da Fada Sininho em *Peter Pan*. A fala de *Sage* aparece em itálico.

Nossa história começa em uma manhã de outono, o primeiro dia ensolarado depois de uma semana de chuva e céu encoberto. Você vai se encontrar com Dale pela primeira vez. Ele também será seu líder de pro-

1 Palavra inglesa que significa sábio.

jeto em um empreendimento que levará, no mínimo, seis meses, talvez um ano. Quando o projeto terminar, Dale fará uma avaliação de seu desempenho para incluir em seu arquivo pessoal, junto com a avaliação de outros associados ao projeto ou afetados por ele. Você sabe quem é Dale, mas não o conhece de fato. A baia dele fica em um canto de difícil acesso no prédio. A sala contém três baias idênticas. A do meio pertence a Dale.

– Onde fica essa porcaria de lugar? Eu deveria ter trazido migalhas de pão para encontrar o caminho de volta.

– Você o encontrará, e tudo dará certo. Caminhe mais devagar... você tem tempo de sobra! E caminhe confiante... como se fosse dono do lugar. Levante a cabeça! Ótimo! Agora respire bem fundo.

– Provavelmente Dale nem está lá. Parece que sua baia fica no meio de uma série de baias. Aposto que haverá muita gente ouvindo nossa conversa. O que estou fazendo aqui?

– Ele ESTARÁ lá... Lembre-se: ele lhe telefonou duas vezes para confirmar o horário. E daí, se HOUVER pessoas por perto que possam ouvir a conversa? Indivíduos na baia ao lado da sua ouvem você conversar com seu melhor amigo sobre assuntos muito mais delicados. Portanto, relaxe! Você vai se sair bem! Pense em duas coisas: primeiro, o que quer ganhar com essa experiência, e não como vai se sair. Segundo, pense em como pode ajudar Dale a conseguir um excelente desempenho como mentor.

– O.k., o.k. Meu objetivo aqui é sair vivo!

Você começa a rir de si mesmo. Percebe que há semelhanças entre fazer piadas em um momento como este e assobiar no escuro quando voltava da casa de um amigo na infância. Passa por alguns corredores e depois localiza a fila de baias que Dale descrevera na última conversa que tiveram. Ele está à porta, um sorriso largo no rosto. Você percebe que seu medo começa a dar lugar ao entusiasmo.

– Você deve ser Dale – diz. **– Que bom que pudemos nos encontrar hoje.**

Dale oferece-lhe uma cadeira e um café. Você agradece enquanto se senta e toma um gole de café.

– Bom trabalho... você está começando com o pé direito. Deixe Dale dar as cartas e lhe mostrar como será a conversa. Lembre-se: ajude-o a

demonstrar excelência! Quando chegar o momento, poderá lhe dizer claramente quais são seus objetivos.

Como se seguisse o roteiro, Dale começa a conversa sobre metas. É a sua vez de falar sobre as suas.

– Sim, Dale, tenho alguns objetivos. Sou novo no processo que usaremos na documentação do projeto, e sei que você tem muita experiência. Além disso, quero aprender mais sobre como lidar com vários clientes que têm demandas conflitantes em relação ao meu tempo. Muitas vezes, fico sem saída. Se satisfaço um, decepciono o outro. Às vezes, evito ambos porque sei que será uma situação impossível de ser resolvida.

– Lembre-se da outra parte... VOCÊ tem uma responsabilidade com Dale. Agora, vá em frente e fale sobre isso!

– Ah, Dale... tenho um outro objetivo também. Quero fazer o possível para que esta experiência de *mentoring* seja ótima para você.

Dale parece surpreso e visivelmente satisfeito. Reage com certo constrangimento, mas está, sem dúvida, emocionado. Você subitamente percebe que este relacionamento passou para um nível mais elevado.

– Você está indo muito bem. Vai dar tudo certo, não acha?

Parte III

Aceitar

CRIE UM PORTO SEGURO PARA CORRER RISCOS

Aceitar

CRIE UM PORTO SEGURO PARA CORRER RISCOS

João XXIII foi provavelmente o papa mais amado do século XX. A devoção que as pessoas sentiam por ele advinha, em parte, do fato de ser completamente despretensioso. Sua receptividade e humildade concederam-lhe a simpatia de milhões de indivíduos, católicos ou não. Um de seus primeiros atos oficiais foi visitar os prisioneiros em uma grande instituição penal em Roma. Ao dar a bênção aos presos, contou-lhes que também já estivera na prisão – para visitar um primo!

Sidney Jourard, em seu clássico *The Transparent Self*, descreve incontáveis pesquisas que demonstram conclusivamente que os seres humanos possuem a tendência natural e inata de serem receptivos e reveladores. Quando essa tendência é frustrada, o indivíduo reage, tornando-se fechado, cauteloso e reservado. Quanto mais tempo dura esse bloqueio, mais difícil é o desenvolvimento de relacionamentos de confiança. Em seu livro *Why Am I Afraid to Tell You Who I Am?*, John Powell responde à pergunta do título: "Porque, se eu lhe contar quem sou, talvez você não goste, e é tudo que tenho".

Nos capítulos anteriores, analisamos diversas dimensões da competência essencial (*core competency*) e primeira etapa no processo de *mentoring*: ceder. Na Parte III, analisaremos a segunda competência essencial crucial de um *mentoring* excelente: aceitar. A aceitação é um encontro igualitário, sem avaliação – *mentoring* sem arrogância, tendências, preconceito ou seletividade.

Aceitar significa incitar o discípulo a ser corajoso, correr os riscos necessários para abandonar velhos hábitos e abraçar e internalizar novas práticas. Isso engloba enviar todos os tipos de sinais que apóiem e incentivem o discípulo a ter coragem, apesar de as primeiras tentativas serem instáveis e hesitantes. A disposição do mentor para agir de maneira visivelmente galante é parte daquele processo convidativo de sinalização. Essas ações dizem ao aprendiz: "Eu o valorizo o suficiente para aceitá-lo apesar de suas imperfeições". Considere-as como uma forma humana de graça. (Graça, em alguns grupos religiosos, significa "perdão não merecido".)

Mentores eficazes na demonstração de aceitação também estimulam um espírito de investigação em um campo de jogo emocionalmente nivelado – um relacionamento com acesso irrestrito, no qual são barradas todas as questões alheias à aprendizagem. Revelam uma curiosidade fascinante pelo aprendiz por meio da dramática capacidade de ouvir, do questionamento empático e do diálogo produtivo. Quando mentores ouvem para aprender (não para instruir), questionam para descobrir (não para testar) e conversam para analisar (não para se gabar), o aprendiz vivencia a aceitação.

Os próximos cinco capítulos focam aptidões e técnicas que apóiam a competência da aceitação. Esta parte começa com a mais fundamental aptidão de aceitação – incentivar a coragem – e termina com um vislumbre de como é a aceitação do ponto de vista do aprendiz.

CAPÍTULO 9

Convites ao Risco

ACEITAÇÃO COMO FOMENTADORA DE CORAGEM

A aprendizagem pode ser uma tarefa assustadora. O caminho do aprendiz não é apenas potencialmente constrangedor, desajeitado e desagradável; em geral, não há garantia de êxito. E a aprendizagem, em sua forma mais natural, quase sempre engloba uma demonstração pública de fraqueza. Uma aprendizagem sem contato com a zona de desconforto provavelmente não é uma aprendizagem verdadeira. Aprendizagem sem enfrentar alguma possibilidade de fracasso é um progresso superficial, não uma mudança real.

Discípulos são pioneiros destemidos. Abrem mão de um "quem eu sou" seguro e confortável em busca de um "quem eu posso ser" desconhecido e vulnerável. Estão dispostos a suportar "flechadas emocionais nas costas" enquanto desbravam um território desconhecido, abandonando um espaço de segurança interior para abraçar a imprudência temporária. Tomam medidas de maneira corajosa, cientes de que joelhos (e egos) esfolados os esperam. Há um tipo de masoquismo emocional em jogo quando um benefício imaginado supera a certeza estabelecida e o discípulo deliberadamente mergulha em um domínio de provável ansiedade. O que o mentor pode fazer para apoiar essa imprudência pioneira e estimular a coragem do discípulo?

Coragem não é uma qualidade ou atributo a ser concedido, apesar de nosso idioma afirmar o contrário. Na verdade, não damos coragem, como se fosse algo concedido ou doado a outrem. Ao contrário, ela deve ser considerada como uma condição preexistente, a ser despertada. Como uma criança tímida prestes a entrar em uma festa barulhenta, a coragem é um aspecto que já está presente, mas precisa ser convidada a "entrar na brincadeira". O papel do mentor é fazer parceria com o aprendiz para trazer à tona a coragem e, depois, apoiá-lo para reconhecer sua presença. Aceitação é o contexto no qual ocorrem o aparecimento da coragem e o apoio.

Aceitar engloba ações que transmitem consideração positiva incondicional. É uma confirmação sem contestação. Diz: "Eu o valorizo mesmo se discordar de você ou reprovar suas ações". É um anúncio vivo de que o outro tem valor. Em uma parceria de *mentoring*, é um convite ao risco, oferecido ao aprendiz de três maneiras: exemplificação dinâmica, comunicação sem julgamento e afirmação racional.

PRIMEIRO CONVITE: EXEMPLIFICAÇÃO DINÂMICA

"Os líderes são exemplos muito mais enfáticos quando aprendem do que quando ensinam", diz a professora de Harvard, Rosabeth Moss Kanter. Não existe técnica didática mais eficaz do que o exemplo pessoal. Se você convida o aprendiz a correr riscos e também se envolve, você transmite aceitação. A coragem escondida une-se à demonstrada. Lembra-se de nossa analogia de coragem ser como uma criança tímida em uma festa? Um pedido público feito pelo anfitrião da festa para todas as crianças tímidas se divertirem provavelmente não funcionará. Contudo, se outra criança fizer um convite particular e pessoal, mas determinado, o resultado será completamente diferente.

A exemplificação de coragem precisa ser dinâmica, não sutil. Exemplificação dinâmica significa você agir como um protótipo óbvio para o aprendiz. A construção da coragem requer muito mais do que uma torcida automática presente nas laterais do campo. E este não é o momento de tentar deixar que nuances e sutilezas assumam o comando. A exemplificação dinâmica requer um comportamento do tipo "Siga-me!", óbvio e perceptível. Por quê? A relutância do aprendiz em demonstrar coragem é, às vezes, alimentada pela ausência de um exemplo "prático".

"A honestidade é a pedra fundamental de todo sucesso, sem a qual a confiança e a capacidade de desempenho deixam de existir."

– Mary Kay Ash

"Li um artigo excelente sobre...", "Tive uma reunião com Sue porque sabia que ela poderia me ensinar como..." e "O curso que estou fazendo pela Internet me ajuda a..." – essas são situações de exemplificação dinâmica que transmitem duas coisas: um compromisso com a aprendizagem contínua e uma participação entusiasmada no processo. Sua meta não é exemplificar como ser um fã da aprendizagem, mas sim exemplificar como ser um discípulo – e um discípulo apaixonado! Ajude suas ações de aprendizagem a se destacarem!

Leve o aprendiz a um seminário, conferência, *workshop* – a qualquer lugar onde possam aprender juntos. Peça ao aprendiz que lhe ensine alguma coisa que ele saiba e que você gostaria de aprender. Se você participar de uma conferência ou seminário, reserve algum tempo para compartilhar com o aprendiz os pontos altos do que aprendeu e o que planeja fazer com os conhecimentos recém-adquiridos. Se ele participar de um seminário, curso ou conferência, dedique algum tempo para questioná-lo depois. Elogie as pessoas que corajosamente buscam o crescimento – o balconista que conclui uma faculdade depois de vários anos, o supervisor que ensina depois do expediente ou o operador que escreve um artigo para uma revista local de comércio.

Encerre as reuniões pedindo sugestões que possam melhorar a próxima reunião. Convide pessoas especiais para participarem – indivíduos que ofereçam um ponto de vista ou perspectiva desafiadores, provocantes e inspiradores. Faça uma lista de "sábios de plantão" – inventores, artistas, escritores, qualquer um que possa proporcionar novas maneiras de ver desafios, abordar problemas ou inventar soluções.

SEGUNDO CONVITE: COMUNICAÇÃO SEM JULGAMENTO

Especialistas em anatomia nos dizem que a coragem ocorre fisiologicamente quando os circuitos na parte pensante do cérebro – o córtex cerebral – ligam e restringem ou controlam o centro emocional superexcitado do cérebro. Isso significa que, em vez de ficar emocionalmente bloqueado, o pensamento claro dirige a ação mesmo diante de riscos. Mentores vêem as oportunidades de investigação coletiva como chances de melhorar o que já é bom. Ao manterem o foco em sua função como transmissores de sabedoria, têm uma visão confiante e não vêem possibilidades de perda emocional. Contudo, os aprendizes entram na investigação coletiva vendo um cenário repleto de possibilidades de fracasso. Mentalmente, percebem seu potencial de comentários tolos e gafes grosseiras. Acreditam que, de alguma forma, suas falhas ocultas – aquelas que lhes parecem enormes – serão subitamente expostas e passarão pelo escrutínio reprovador de um juiz crítico. Oprimidos por essa percepção exagerada da realidade, corações disparam, memórias falham e todo o aparato da fala torna-se bruscamente inoperante... e completamente seco!

É aqui que a comunicação sem julgamento funciona como um antídoto mágico. Em vez de usar um tom de censura, grandes mentores transmitem a cordialidade da aceitação. Uma postura receptiva substitui o olhar fixo, com braços cruzados, que o aprendiz pode prever. O ritmo dos grandes mentores é lento e deliberado, e não ambíguo e desonesto. Seus gestos são convidativos e afirmativos, não negativos e hesitantes. A comunicação sem julgamento usa expressões não ameaçadoras, como "Quais foram suas razões para...?" em vez de "Por que você...?". A expressão facial dos grandes mentores é mais parecida com o que vemos em pessoas assistindo a um filme divertido sobre a natureza do que um jogo tenso.

Acima de tudo, a comunicação sem julgamento funciona porque envia uma mensagem afável de que a armadura emocional do aprendiz é desnecessária e pode ser posta de lado. O segredo é fazer da mensagem um ato de descoberta – baseado na idéia de que a visão do aprendiz é completamente genuína e normal, mas também imprecisa. A melhor maneira de fazer isso é evitar comentar explicitamente o nervosismo do aprendiz. Em vez disso, converse com ele como se esse sentimento não existisse. Também é importante usar alguns comentários ou exemplos modestos do tipo "Sou exatamente como você". A vulnerabilidade do mentor é uma ferramenta poderosa para dissipar o medo do aprendiz.

TERCEIRO CONVITE: AFIRMAÇÃO RACIONAL

Você já pensou no papel que o apoio da torcida tem em um evento esportivo? Não assistimos em silêncio. Mas nossos gritos de alegria quando nosso time está ganhando não são como os sons que emitimos quando ganhamos a aposta em uma corrida de cavalos ou damos aquela tacada genial em uma partida de golfe. Torcer não é simplesmente uma expressão de alegria, mas também de afirmação. Nossa intenção é incentivar, apoiar e persuadir. Quando locutores esportivos mencionam a "vantagem de jogar em casa", estão reconhecendo o poder da afirmação como ferramenta para reunir coragem.

"Afirmação racional" é um oximoro intencional. Lembre-se: invocar a coragem significa acalmar a ansiedade irracional e hiperativa do aprendiz. Bajulá-lo com frases generalizadas e melosas, do tipo "Bom garoto!", certamente será considerado um ato paternalista... O aprendiz provavelmente pensará: "Você obviamente vê meus pontos fracos e está tentando ser bonzinho comigo". O objetivo é comunicar de forma precisa e clara (como as versões de futebol de "Joguem na defesa!"), mas alegre. As afirmações devem ser diretas ("Você faz ótimas perguntas que me levam a ver as coisas de uma outra maneira") e nunca inventadas ou irônicas ("Para uma mulher gorda, você certamente não sua muito!" – essa é a parte final de uma antiga piada!).

Um mentor eficaz convida o aprendiz a enfrentar os riscos da aprendizagem ao ser um bom exemplo, empenhando-se em uma comunicação sem julgamento e oferecendo afirmações racionais (ou seja, razoáveis). Quando o aprendiz presencia, ouve o som e sente o brilho da coragem, vêm a experimentação e, conseqüentemente, a sabedoria.

O Sr. Kirkland foi meu professor de biologia no ensino médio. Quando a educação sexual surgiu no currículo escolar, foi saudada com uma profusão de risadas e uma escassez de perguntas. No final dos anos 50, nada era mais constrangedor do que um garoto de dezesseis anos de idade em uma classe mista quando o assunto da aula era anatomia humana e educação sexual. Mas o Sr. Kirkland encontrou a solução. Ao perceber que os garotos precisavam de um incentivo especial, ele se reunia conosco após a aula.

Falava abertamente de seu constrangimento e curiosidade pela anatomia e pelo sexo quando jovem. Seu tom era completamente isento de julgamento. Depois, ele abria espaço para nossas tímidas perguntas. Quando a primeira alma corajosa arriscou uma pergunta, o Sr. Kirkland rapidamente proferiu uma afirmação e deu apoio. Em pouco tempo, tínhamos um debate animado sobre assuntos que, anteriormente, eram apenas sussurrados entre os amigos mais chegados. O debate depois da aula deu a todos nós a coragem de levar mais a sério a aula de biologia e de proporcionar uma liderança positiva nos debates regulares em sala de aula. Grandes mentores invocam a coragem do discípulo com a promessa de aceitação sincera.

CAPÍTULO 10

A Aptidão Secreta de Sócrates

INDAGAÇÕES IMPRESSIONANTES

Se houvesse um Hall da Fama para Mentores, Sócrates seria admitido instantaneamente. Em um debate acalorado sobre o fato de os escravos terem alma (os antigos gregos acreditavam que apenas pessoas inteligentes tinham vida eterna), Sócrates apostou uma caixa de vinho fermentado com mel (a versão grega da Bud Light®) que ele seria capaz de ensinar a um escravo o teorema de Pitágoras (para aqueles que o aprenderam no ensino médio e depois o esqueceram: o quadrado da hipotenusa de um triângulo retângulo é igual à soma dos quadrados dos catetos). Ele não dispunha de retroprojetor, apostilas ou livro-texto. Precisava apenas de duas ferramentas: a capacidade de fazer a pergunta certa e de ouvir atentamente o significado por trás da resposta. Até hoje, o método de sua aposta corajosa é conhecido como ensino socrático.

Sócrates descobriu o segredo do relacionamento de *mentoring*: o questionamento eficaz traz *insights*, que alimentam a curiosidade, a qual, por sua vez, cultiva a sabedoria. Agora examinemos, metodicamente e por meio de uma pequena história, como funciona o método socrático. Você aprenderá por que o segredo de Sócrates é tão poderoso.

> **"É uma pergunta sem respostas, mas deixe-nos ainda acreditar na dignidade e na importância da pergunta."**
>
> **– Tennessee Williams**

Tenho um amigo que acabou de chegar de uma reunião de família em uma cidadezinha na região rural da Carolina do Sul. É um cirurgião proeminente em um grande hospital e, em meio expediente, leciona em uma escola de medicina de muito prestígio. "Finalmente percebi", ele me disse, "por que me lembro de minha infância como uma experiência chatíssima." Tirou os óculos de leitura e momentaneamente fitou o espaço vazio. "Não havia crescimento, e eu tinha medo que pudesse ficar preso em uma tumba de estagnação intelectual."

A princípio, achei sua avaliação amarga demais e sua reação, arrogante. Ele descreveu seus primeiros dias de vida em um mundo imaginário, onde ficava, às vezes, durante semanas, apenas para combater a monotonia da vida em uma cidade pequena, na qual se evitava a mudança e se punia a singularidade. Escondia-se em livros porque as conversas com outras pessoas ofereciam apenas uma atividade mental superficial e desinteressante. Conversava com os animais de estimação, que o compreendiam, mas não podiam responder.

Seu afastamento para dentro de si mesmo abriu o caminho para a realização acadêmica, a fuga da estagnação e, por fim, o sucesso. Por muitos anos, jogou a culpa da dor de sua juventude no infortúnio de ter sido criado em um ambiente enfadonho. Contudo, seu retorno à cidade natal lhe proporcionou novas idéias. Não foi o ambiente desestimulante, mas sim a falta de curiosidade, que aprisionara sua alma.

– O churrasco foi excelente – observou com um sorriso, descrevendo a reunião do final de semana. – Mas eles não fazem perguntas.

Pedi-lhe que explicasse.

– Os participantes do encontro falavam; havia muita conversa. E havia muita comunicação relevante, mas ninguém, de fato, me entrevistou. Fizeram-me algumas perguntas especulativas, mas não houve seqüência. Não estavam realmente curiosos em relação à minha vida – só queriam ser educados. Até tentei estimular os encontros, trabalhando arduamente para aprender sobre suas opiniões, sentimentos, idéias, alegrias e medos. Pareciam dispostos a me dar um lampejo de suas almas, mas depois de um diálogo unilateral, deixei a Carolina do Sul sentindo-me altamente informado sobre o mundo deles, mas solitário e entediado.

Sua triste história me levou a refletir sobre o papel que as perguntas – perguntas reais, a busca de entendimento – podem ter no crescimento. Perguntas de qualidade têm efeito multiplicador na aprendizagem. Faça uma pergunta buscando informações e obterá apenas uma resposta ou um fato; faça uma pergunta buscando entendimento e dará vazão a uma seqüência de eventos mais poderosa. Eis como funciona.

O CRIATIVO COMPUTADOR HUMANO

O cérebro humano é, muitas vezes, comparado a um computador, mas na verdade é bem diferente. A maioria dos computadores é, basicamente, um mecanismo para armazenamento de informações. Faça uma pergunta em busca de informações e o computador entra em modo de busca – assim como o cérebro humano. Contudo, faça uma pergunta buscando entendimento, e a mente tem de elaborar uma resposta que não se encontra no setor de armazenamento do cérebro. Os computadores não conseguem elaborar respostas. Perguntas que buscam o entendimento estimulam o tipo de atividade mental que gera *insights* ou descobertas. À medida que a mente se esforça para responder a uma dessas perguntas, ativam-se novas sinapses especiais e ocorre o *insight*.

"O *insight* é o cérebro em plena brincadeira", disse-me recentemente o pesquisador Pierce Howard, autor de *The Owner's Manual for the Brain*, "e o cérebro adora brincar". A descoberta – aquela experiência do tipo "ahá!" de encontrar uma conexão, fechar uma lacuna, completar um padrão – é muito compensadora para a mente. Tão compensadora, na verdade, que ela está sempre procurando uma oportunidade de repetir a experiência. E quanto mais "ahás!" a mente consegue, mais faminta por eles se torna. Encontrar informações é simples e monótono; elaborar entendimento é desafiador e estimulante. Quanto mais a mente vivencia descobertas criativas, mas vai em busca de outro *insight*. Essa busca de *insights* ou descobertas é o que denominamos "curiosidadc". Para a mente, a curiosidade é sua própria recompensa. E o subproduto da curiosidade perpétua é a sabedoria.

COMO FAZER PERGUNTAS

Como o mentor dá início a esse encadeamento *insight*-curiosidade-sabedoria? Um importante gerador dessa seqüência é a pergunta que busca o entendimento. Grandes mentores, cientes de que seu objetivo é propiciar sabedoria, são habilidosos na elaboração dessas perguntas. Adiante há várias técnicas importantes para elaborar e fazer perguntas que geram *insights*.

Comece com uma Afirmativa

Pode parecer estranho, mas a melhor maneira de fazer uma pergunta geradora de *insights* é começar com uma afirmativa. Perguntas podem ser mais poderosas se o questionador e o ouvinte estiverem claramente em sintonia – e cientes disso. Começar com uma afirmativa proporciona uma identificação e um contexto, cria um meio que torna a pergunta seguinte muito mais intensa.

> Mentor: (Afirmativa) Jan, você está trabalhando há cerca de oito semanas na avaliação de Dunn.
>
> Aprendiz: (Resposta) Isso mesmo. Tive de dedicar tempo extra.
>
> Mentor: (Pergunta) O que você aprendeu com o projeto que não esperava aprender?

Perceba como a pergunta é muito mais eficaz depois que o mentor faz uma afirmativa para proporcionar uma identificação (Estou em sintonia com você) e um contexto (Agora definimos em que área vamos focar). Isso transmite ao aprendiz: "Fiz meu dever de casa, me preocupo e estou disposto a aprender com você". Além disso, ajuda o aprendiz a focar na pergunta, e não em definir um contexto para sustentar a resposta. Perceba como a pergunta, sozinha, poderia colocar o aprendiz na defensiva.

Faça Perguntas que Exijam um Raciocínio de Nível Mais Elevado

Lembre-se de que a meta principal é gerar *insights*, e não compartilhar informações. É claro que talvez seja necessária uma certa troca de informações; contudo, o objetivo principal é cultivar o entendimento e o crescimento, não apenas a troca de fatos. Elabore perguntas que obriguem o aprendiz a pensar profundamente antes de respondê-las. Perguntas que obriguem a fazer comparações podem ser formuladas assim: "De que maneira o projeto Hollar diferiu do projeto Dickinson?". Perguntas que exigem sínteses podem induzir o raciocínio mais elaborado: "Em sua opinião, quais as implicações fundamentais da avaliação do Sr. Rivers?". E perguntas que exigem avaliação podem provocar raciocínio de nível mais elevado: "Se pudesse refazer a tarefa, o que mudaria?".

A sabedoria convencional sobre o questionamento sempre foi fazer perguntas abertas. Perguntas fechadas, dizem, fazem com que o indivíduo dê uma resposta curta, com apenas uma palavra ou frase. Contudo, o processo é mais complexo. As perguntas de busca de entendimento de Sócrates não faziam apenas o escravo falar – faziam-no pensar. Qualquer um que convive com um adolescente sabe que as respostas para perguntas que começam com "o quê", "como" e "por quê" podem ser tão curtas quanto as de perguntas do tipo sim ou não. O objetivo do questionamento que busca o entendimento não é apenas obter mais palavras na resposta, mas sim maior profundidade no raciocínio necessário para elaborar a resposta.

Evite Perguntas que Começam com Por que

Por que evitar perguntas que começam com "por que"? Explicamos anteriormente, mas vale a pena repetir. Na maioria das culturas, uma frase que começa com a palavra "por que" e termina com o ponto de interrogação é, geralmente, considerada um julgamento e uma acusação. Obviamente, a linguagem corporal pode ter um papel em como essas perguntas são entendidas, mas mesmo com uma linguagem corporal perfeita, nossas antenas sobem assim que ouvimos uma pergunta com "por que".

Encontre maneiras de atenuar a pergunta interrogatória. "Por que você fez isto?" pode parecer bem diferente de "Quais foram suas razões para agir assim?". A palavra "por que" não é o problema; o problema é colocá-la no início da pergunta. Como já aprendemos, o julgamento pode transformar uma atmosfera aberta em uma atmosfera de proteção, cautela e comportamento precavido. Sem vulnerabilidade, não há risco; sem risco, não há experimentação e crescimento.

Use a Curiosidade para Estimular a Curiosidade

Sócrates ia além de fazer boas perguntas. Ele demonstrava entusiasmo pelo processo de aprendizagem. Acreditava nele e ficava animado ao demonstrá-lo. A atitude, bem como a técnica, faz parte do método socrático.

Há alguns anos, desenhos estereográficos estavam no auge. As pessoas fitavam-nos durante longo tempo, tentando encontrar a imagem ou objeto entre o que parecia uma mistura aleatória de pontos coloridos. Observei uma adolescente em um shopping ajudar o namorado a "ver" um desenho que ela já vira. Os dois estavam igualmente curiosos, ambos ansiosos e entusiasmados para ver a imagem, quando ele, finalmente, teve o *insight*. Assim é no relacionamento de *mentoring*.

Grandes mentores não são apenas curiosos; eles se entusiasmam com a oportunidade de estimular a curiosidade alheia. Sua atitude é "Mal posso esperar para que você veja a luz!" São abertos em relação ao entusiasmo e transmitem verbalmente seu prazer quando o "ahá!" do aprendiz finalmente acontece.

Analise os grandes mentores de todos os tempos – Jesus, Buda, Moisés, Maomé, Confúcio, Lao-Tsé, para citar apenas alguns. Sua influência foi causada, em parte, por sua capacidade de desafiar os discípulos com perguntas capciosas. O mesmo é válido para os mentores modernos. Em um estudo feito há alguns anos, perguntou-se aos CEOs de empresas *Fortune 500* o que mais contribuiu para seu sucesso. Muitos citaram um mentor eficaz como um dos fatores-chave. Para a pergunta sobre o que fez com que essas pessoas importantes fossem tão influentes, a resposta mais comum retornou a Sócrates e ao vinho fermentado com mel: faziam ótimas perguntas. As perguntas são o ponto alto do relacionamento de *mentoring*.

Avalie Seus Talentos Inquisidores

A Escala de Mentores pode ser uma ferramenta útil para avaliar seus talentos e falhas em relação à capacidade de questionar. A seguir, há algumas coisas a serem observadas, vinculadas ao formulário de pontuação preenchido no capítulo 3.

Sociabilidade

BAIXA: Cuidado com o silêncio excessivo. Se o aprendiz não responder em dez segundos, talvez seja preciso reformular a pergunta. Além disso, saiba que o contato visual pode ser importante para

continua...

transmitir um interesse sincero pelas respostas do aprendiz. Grave as conversas para auto-avaliar seu estilo de questionamento.

ALTA: Esteja atento para dar ao aprendiz a oportunidade de responder. O silêncio vale ouro. Faça uma pausa após a pergunta. Se você é susceptível a esta armadilha, conte até dez depois de fazer uma pergunta e antes de fazer outra ou reformular a anterior. Suponha que o aprendiz ouviu e entendeu, e está apenas analisando que resposta dará.

Domínio

BAIXO: Pense antes de perguntar. Talvez você tenha a tendência de deixar a interação dispersar fazendo perguntas apenas por fazer. Considere sua meta e seu foco. Determine o que quer saber, depois escolha perguntas que o levem ao aprendizado.

ALTO: Talvez você tenha a tendência de elaborar perguntas que lhe dão a resposta que você deseja ouvir. Induzir o aprendiz é tão inadequado e ineficaz quanto induzir uma testemunha. Suavize seu tom; certifique-se de que sua abordagem não faz com que o aprendiz se sinta como se estivesse em um tribunal.

Receptividade

BAIXA: Evite fazer perguntas muito superficiais. Embora invadir a privacidade não seja seu objetivo, sua meta é promover o raciocínio profundo. Esteja disposto a permitir um pouco de controvérsia; o conflito não passa de um sintoma de tensão. Ao interpretar e lidar adequadamente com o conflito por meio da franqueza e da receptividade, o relacionamento interpessoal estreito e a criatividade valiosa serão os subprodutos mais prováveis.

ALTA: Talvez você se encontre freqüentemente desejando responder pelo aprendiz. Recue e dê a ele a chance de dizer o que pensa. Além disso, é importante evitar um relacionamento estreito em pouco tempo. Embora você talvez esteja muito bem preparado para promover a aproximação, é provável que o aprendiz precise de mais tempo.

**"Com o olho cintilante ele o detém – E, quieto, o convidado fica a escutar
Como uma criança de três anos Pelo outro dominado."**
– Samuel Taylor Coleridge, *A Balada do Velho Marinheiro*

CAPÍTULO 11

O Ouvido de um Aliado

A ARTE PERDIDA DE OUVIR

Aposto que não há mais do que dois supervisores no mundo que desconheçam a importância de ser um bom ouvinte! Não importa se a pessoa freqüentou um curso de liderança, leu um artigo sobre supervisão ou estudou um gerente que era bom ouvinte. Aquele que nunca ouviu falar da importância de ouvir deve ser de outra galáxia!

Saber que ouvir é importante e ser um bom ouvinte são duas coisas completamente diferentes. Pergunte aos funcionários sobre as habilidades dos chefes como ouvintes e a maioria lhes dará, na melhor das hipóteses, um conceito C. Com zilhões de livros sobre como os líderes devem ouvir, por que os funcionários continuam a reprovar os chefes como ouvintes? Seria uma crise de competência?

Em minha experiência, a lacuna entre "deveria" e "seria" tem menos a ver com o gerenciamento de comunicação do que com o gerenciamento de ruído. A maioria dos líderes pode ser excelente ouvinte. É só o filho de oito anos de idade chegar em casa chorando por causa de um conflito na vizinhança e você verá um excelente ouvinte. Observe uma conversa em um canto, durante o velório de um amigo, e você verá um excelente ouvinte. Coloque um líder entre um líder sindical hostil e uma greve com potencial para paralisação total, e você verá um dos melhores ouvintes da história. Porém, misture o ritmo normal de trabalho, a imagem costumeira de "eu sou o chefe" e a orientação tradicional de que "funcionários não precisam ser mimados", e você terá a receita para o líder-ouvinte do tipo "vá direto ao ponto".

Ouvir é crucial em *mentoring*. Pergunte a cinqüenta pessoas que tiveram ótimos mentores que atributo consideravam mais crucial, e 49 provavelmente mencionarão a capacidade de ouvir de seus mentores: "Sentia que tinha sua inteira atenção quando eu mais precisava". "Era como se não houvesse mais nada acontecendo no mundo a não ser você, ele e seu problema." "Ele se envolvia tanto com minha preocupação que sua secretária tinha de nos interromper para lhe dizer que o telefone estava tocando. Certamente não seria eu a avisá-lo."

Como os melhores mentores evitam as demandas das distrações cotidianas para se dedicarem totalmente ao ato de ouvir? Pelo que sabemos da boa capacidade de ouvir, ouvintes eficazes não começam a fazer nada especial – eles param de fazer algo normal.

FOCO NO FOCO

Os grandes mentores focam e permanecem focados. Quando ouvir é sua meta, fazem dela uma prioridade. Não deixam nada interferir. Um líder inteligente disse, certa vez: "Não há indivíduos no trabalho mais importantes para seu sucesso do que seus funcionários – nem seu chefe, nem seus clientes, nem seus vendedores. Quando um funcionário precisa que você o escute, finja que acabou de receber de presente a oportunidade de passar cinco minutos com seu maior herói. Para mim, seria Abraham Lincoln". Que conceito excelente! Analise-o. Se pudesse ter cinco minutos – e apenas cinco minutos – com Moisés, Mozart ou Madre Teresa de Calcutá, você deixaria um telefonema de seu chefe, cliente ou qualquer outro roubar parte desse tempo precioso? Trate seus funcionários com o mesmo foco e a mesma prioridade.

"Não transfira nenhuma chamada para mim", "Vamos sair daqui para que possamos conversar" ou "Diga-lhe que telefonarei depois" são palavras que transmitem o gerenciamento de ruído. Elas dizem aos funcionários: "O que você tem a dizer é tão importante que não quero perder uma única palavra". Se você não puder dar aos funcionários um foco do tipo "Tenho cinco minutos para falar com Bill Gates, George Bush ou Billy Graham", adie o encontro. É melhor dizer: "Jill, quero lhe dar toda minha atenção, mas tenho uma reunião crucial daqui a duas horas e, para ser honesto com você, eu lhe daria apenas metade de minha atenção neste momento. Podemos marcar a reunião para mais tarde, ainda hoje, quando realmente puder me concentrar?".

Assuma a Posição de Repórter

Experimente isso na próxima vez que precisar ouvir alguém: imagine que você é um jornalista de outra cultura, ali presente para conseguir uma matéria e publicá-la. Seus leitores não podem ver, ouvir ou sentir a história exceto por meio de suas palavras. Além disso, eles não sabem nada sobre a cultura; você precisa confiar em cada indicação, pista, nuance e símbolo para obter a história real.

Seu primeiro entrevistado está sentado à sua frente, falando. É seu aprendiz. Agora, em seu papel como repórter estrangeiro, descreva cada sutileza no tom, nos gestos ou na expressão do aprendiz. Observe principalmente os olhos – que são chamados de "janelas da alma". Finja que não conhece essa pessoa e que a ouve falar pela primeira vez. Preste atenção na escolha de palavras e expressões. Existe um significado mais profundo por trás das frases? Há uma mensagem que não seja inicialmente óbvia na comunicação?

Se você faz uma pergunta ou afirmativa, com que rapidez o aprendiz responde? O que pode estar implícito no silêncio dele? Ele ri de maneira educada, contida ou espontânea? Se as palavras e o tom do aprendiz fossem uma canção, que estilo de música seria – *country*, *rap*, coral, gospel? Se um grande pintor fosse usar as palavras daquela pessoa como inspiração para um quadro, o que surgiria na tela? De que cor é o tom ou o estado de espírito do aprendiz?

Ouvir, se bem feito, é absorção total. Já assistiu a Larry King na CNN? Seu sucesso como entrevistador não está nas perguntas, mas em suas excelentes aptidões como ouvinte. Ele passa rapidamente pelas palavras, frases e parágrafos do entrevistado para chegar ao significado. A missão de ouvir é estar tão sintonizado com a mensagem do outro que o entendimento se torna uma função do tipo copiar-colar de uma mente na outra. Talvez a expressão "encontro de mentes" devesse ser alterada para "união de mentes". O dramático ato de ouvir não é apenas um encontro de cérebros; é uma união, uma ligação, uma parceria. Como todas as conexões humanas, exige esforço e compromisso constantes.

SEJA UM ESPELHO, NÃO UMA LEMBRANÇA

Um de meus maiores desafios ao tentar ser um bom pai era simplesmente ouvir sem ter uma pauta. Sempre que meu filho começava a enumerar suas preocupações, convicções ou curiosidades, eu geralmente sentia a necessidade de dizer alguma coisa, ensinar uma lição, corrigir uma ação ou pedir que tivesse cautela. Quando, por fim, desisti de tentar ser um pai sabichão e passei a ser simplesmente um espelho, ele começou a se abrir, a confiar e – sobretudo – a se sentir ouvido.

Quando ele perguntava "Como você faria...?", eu me esforçava muito para perguntar o que ele faria – antes de dar minha opinião. Quando sua voz expressava frustração ou preocupação, antes de responder eu tentava primeiro transmitir, por meio de ações, que entendera sua mensagem – sobretudo quando minha resposta provavelmente seria diferente daquela que ele achava que ia ouvir. O adágio "Você não tem o direito de mudar minha opinião antes de mostrar que a entende" se aplica ao mentor de duas maneiras. Primeira, ajuda-o a permanecer focado em ouvir, e não em dar opiniões. Segunda, diz ao ouvinte que ele é importante.

ENCARREGUE O APRENDIZ DE LHE DAR PISTAS

Ser um ouvinte ruim é uma questão de hábito. Focar exige esforço; ser um espelho requer paciência. Contudo, o tempo para fazer aquele pedido está acabando, o chefe quer saber onde está o relatório Blaha que você prometeu para ontem, dois telefonemas o aguardam, três pessoas andam de um lado para o outro na sala de espera e você está terminando uma reunião com seu aprendiz. Quem consegue ser um bom ouvinte nessas circunstâncias? Resposta: nem mesmo o Super-Homem! Você precisa da ajuda da única pessoa que pode ajudá-lo – seu aprendiz!

Eis como solicitá-la: "George, preciso de sua ajuda. Sei que há momentos em que não sou o ouvinte que gostaria de ser. Mas na maior parte do tempo em que sou um péssimo ouvinte, não percebo que isso está acontecendo. É aí que preciso de sua ajuda. Quando achar que não está recebendo toda minha atenção, por favor, avise-me. Posso melhorar, marcar nossa reunião para outra hora ou talvez apenas continuar sendo um péssimo ouvinte. Mas não posso tentar melhorar sem saber quando isso é necessário, e você é a melhor pessoa para me informar".

Aprendizes não são tolos. Eles ouvem as palavras de seu pedido, mas permanecem céticos até verem você agir. Talvez você tenha de pedir várias vezes antes de o aprendiz acreditar em você. E a menos que você demonstre gratidão – por mais precisa que seja a avaliação ou mais bem-sucedido o resultado –, o aprendiz talvez decida não arriscar seu desprazer e afastar-se. Apóie e promova a melhoria do *feedback*, ouça atentamente e valorize tudo que conseguir e, com o tempo, a qualidade e a utilidade do *feedback* melhorarão.

Bons mentores não ouvem passivamente; ouvem dramaticamente. Demonstram, por meio de palavras e ações, que as idéias dos aprendizes são bem-vindas e úteis. Quando as pessoas sentem que são ouvidas, sentem-se valorizadas. Assim, têm maior probabilidade de correr riscos e experimentar. Apenas ao tentar novos passos é que crescem e aprendem. Resumindo: se sua meta é ser um excelente mentor, comece a usar suas aptidões de gerenciamento de ruído para ajudá-lo a usar todos os seus talentos de bom ouvinte.

CAPÍTULO 12

"Dar e Receber" Começa com "Dar"

DIÁLOGOS DISTINTOS

Define-se diálogo como uma "troca de idéias, principalmente quando aberta e franca, na busca de harmonia ou compreensão mútua". O diálogo eficaz – com ênfase em "di" (que significa dois) – requer um campo de jogo nivelado, igualdade e dar-e-receber. Essas dinâmicas elevam o diálogo de uma simples sessão de perguntas e respostas a uma interação rica e criativa que é mais do que a soma de suas partes.

Lembre-se das conversas mais valiosas que teve na vida. Que elementos tornaram o diálogo positivo e produtivo? Você provavelmente pode identificar vários. Primeiro, cada participante valorizou a opinião do outro, mesmo que as opiniões fossem diferentes. O dar-e-receber aconteceu porque ambas as partes deram atenção total e mantiveram o diálogo focado. Finalmente, o resultado foi que a aprendizagem aconteceu, os problemas foram resolvidos ou o entendimento foi alcançado. Estes três componentes – valorizar, dar-e-receber e conclusão – formam a base de nossa visão do diálogo no relacionamento de *mentoring*.

A MÁGICA DA ATITUDE MENTAL

Há um momento na peça de Edward Albee, *Quem tem medo de Virgínia Woolf?*, em que George e Martha (representados, na versão cinematográfica, por Richard Burton e Elizabeth Taylor) interrompem a perpétua batalha verbal e descobrem que estão debatendo assuntos totalmente distintos. A mesma coisa freqüentemente acontece, em diversos níveis de decibéis, em nossas conversas. As frases "Sobre o que estávamos falando?", "Esqueci o que ia dizer" e "Onde foi mesmo que paramos?" nos dizem que estamos envolvidos em conversas sem rumo, sem sintonia ou não relacionadas.

"Atitude mental" é o termo para as ações que definem o tom no início de um debate e que asseguram um encontro de mentes em três perguntas simples, mas poderosas. Se tanto o mentor quanto o aprendiz concordam nestas perguntas, o debate provavelmente terá um resultado positivo.

- Por que estamos aqui? As duas partes precisam ser objetivas quanto ao propósito da conversa. Uma afirmativa simples seguida por uma confirmação geralmente basta: "Rachel, vejo esta sessão como uma oportunidade para debatermos a melhor abordagem para conduzir o estudo Boyd. Esse também é o seu objetivo?".

- O que significará para você? O potencial de ambos os participantes se beneficiarem com o diálogo é importante. Além de ajudar a focar na troca, aumenta a motivação. Atenção adequada aos benefícios potenciais para o aprendiz podem transformar uma atitude mental letárgica, do tipo "Aqui vamos nós de novo, mais uma reunião com Gilbert", em "Uau, esta reunião com Gilbert será muito útil!". O mentor obtém satisfação ao ajudar o aprendiz a aprender para o benefício de todos.
- Como devemos conversar? A atitude mental também inclui transmitir o tom e o estilo necessários. Mesmo que o tom esteja implícito, um breve lembrete pode ser útil para avisar que se espera e se necessita de uma conversa aberta, franca, livre. Além disso, ajuda a esclarecer as regras do envolvimento, evitando surpresas desagradáveis: "Mary Nell, serei o mais aberto e franco possível neste debate. Minha idéia é que dediquemos cerca de 30 minutos analisando as opções e depois lhe darei a oportunidade de tomar uma decisão".

ACIONE A BOMBA

A expressão "acionar a bomba" tinha um significado real em minha infância. No quintal da casa de meu avô, havia uma bomba d'água que precisava ser acionada para funcionar. "Puxava-se" água da terra despejando-se um enorme cântaro de água no topo e, depois, bombeando-se freneticamente para cima e para baixo. Para um garoto que achava que a água vinha de uma torneira, "fabricar água" – retirar água da terra com esforço próprio – tinha uma mágica especial.

Se existe um momento em que a palavra "catalisador" se aplica à função do mentor, é durante o diálogo. A versão humana de acionar a bomba é auxiliar o acontecimento de *insights*, ajudando o debate a realizar sua função. Há cinco aptidões associadas à catalisação do dar-e-receber do diálogo: fazer perguntas iniciadoras ou esclarecedoras, parafrasear, resumir, elaborar e usar insinuações não verbais.

Faça Perguntas Iniciadoras ou Esclarecedoras

O capítulo anterior, sobre o segredo de Sócrates (Capítulo 10), analisou a arte de estimular a aprendizagem por meio da elaboração de perguntas. As perguntas que mais funcionam são aquelas que direcionam, mas não conduzem – principalmente perguntas abertas, que começam com "o quê", "quando", "onde" ou "como". Eis alguns exemplos de perguntas abertas úteis para iniciar e esclarecer:

"Qual foi a parte mais difícil da tarefa?"

"Como a sua equipe abordou o problema?"

"Descreva o que torna esta técnica importante."

"Quais são suas outras perguntas?"

"O que eu não perguntei, mas você acha que eu deveria saber?"

Parafraseie

O objetivo de parafrasear é demonstrar que você está prestando atenção e entende o que está sendo transmitido – como se segurasse um espelho voltado para o debate. Os aprendizes gostam de saber que foram ouvidos atentamente, e isso serve para apoiar e melhorar o debate.

Há quatro tipos de paráfrase:

1. Repetir. Com suas próprias palavras, e não com as do aprendiz, dê uma versão condensada do que ele disse. Não repita simplesmente as palavras exatas do aprendiz, como se fosse um papagaio; isso indica que você ouviu a afirmativa do aprendiz, mas não que a entendeu.

2. Do geral para o específico. Se a afirmativa do aprendiz for uma generalização, você pode parafraseá-la em termos mais específicos, analisando uma parte da afirmativa ou dando um exemplo. Ao expressar o específico, você demonstra que entende o geral.

3. Do específico para o geral. Se a afirmativa do aprendiz é específica, você pode parafraseá-la com uma generalização ou um princípio. Ao formular uma resposta mais abrangente, você indica não apenas que entende a afirmativa do aprendiz, mas também que a afirmativa pode, de fato, ser generalizada.

4. Repetir em termos opostos. Mostre que entende o significado da afirmativa do aprendiz ao parafraseá-la em termos opostos. Por exemplo, se ele disser que um gerente deve fazer alguma coisa, você pode repetir dizendo que o gerente não deve fazer o oposto.

Considere a seguinte afirmativa: "A auditoria eficaz requer que o auditor tenha um tipo especial de otimismo cauteloso". Como mentor, você pode reformular essa afirmativa das seguintes maneiras:

Repetir:
"Você está dizendo que o auditor deve ser aberto, mas cuidadoso."

Do geral para o específico:
"Um auditor deve verificar minuciosamente cada entrada."

Do específico para o geral:
"Pelo jeito, você acha que auditoria é algo complexo."

Repetir com termos opostos:
"Você quer dizer que o auditor não deve ser negativo e extremamente desconfiado."

Parafrasear incentiva os aprendizes a dizerem mais porque sabem que serão entendidos. É importante procurar um sinal de que o aprendiz concorda com sua interpretação. Se não há nenhum sinal, verbal ou não, pergunte ao aprendiz se você parafraseou a afirmativa de maneira adequada. Se você cometer erros sem verificar, demonstrará falta de entendimento, deixando o debate nebuloso e atrapalhando o clima de aprendizagem.

Uma última observação sobre parafrasear: perceba, nos exemplos acima, que cada frase termina com um ponto final. A meta de parafrasear é espelhar ou refletir seu entendimento, e não fazer uma pergunta ou exclamação. Certifique-se de que sua inflexão cai ao invés de subir. Fazer uma pergunta ou proferir uma frase explicativa o coloca no controle da situação. Seu objetivo é deixar o aprendiz no controle e simplesmente espelhar o que ele está transmitindo.

Resuma

Resumir é semelhante a parafrasear. A diferença é que o objetivo de parafrasear é espelhar o significado para verificar o entendimento, ao passo que a meta de resumir é sintetizar para verificar o entendimento. Você sintetiza ao condensar o significado dos comentários do aprendiz em uma ou duas frases (ou, se os comentários forem extensos, em um parágrafo) e repetir as informações sintetizadas como um resumo.

Resumir geralmente começa com frases como:

"Em outras palavras..."

"O que você está dizendo é que..."

"Em suma, você acha que..."

Ao resumir, tome cuidado com o uso de certas frases. Por exemplo, o uso excessivo de um jargão como "O que você está dizendo é..." pode soar mecânico e condescendente.

Elabore

O objetivo de elaborar é acrescentar escopo ou profundidade aos comentários do aprendiz. Se o que você acrescenta combina com o espírito do que o aprendiz disse, você não apenas transmite entendimento, mas também enriquece ou expande a compreensão. Tanto as informações técnicas quanto as que dizem respeito a sentimentos e opiniões pessoais podem ser elaboradas.

Informações técnicas referem-se a desenvolver o conteúdo factual do comentário do aprendiz. Um exemplo seria: "Você tem razão sobre o papel do auditor na análise da demonstração financeira da empresa. Além disso, ele precisa assegurar que todas as regulamentações atuais sejam atendidas".

Informações sobre sentimentos e opiniões pessoais englobam o que o aprendiz diz sobre si mesmo durante o debate. Você pode elaborar esse tipo de informação, mas tome cuidado. É um método poderosíssimo para demonstrar um profundo entendimento, mas também é dificílimo fazê-lo de forma eficaz e convincente. Elaborar dessa maneira requer que você tenha uma forte empatia com o aprendiz. Eis aqui dois exemplos do que o mentor pode dizer ao elaborar sobre informações pessoais:

"Então você aconselhou seu colega a abrir um processo. Certa ocasião estive exatamente na mesma situação. Supervisionava a função EEO de recursos humanos, e..."

"Concordo. Depois que me recuperei do choque inicial ao saber que meu pai tinha o mal de Alzheimer, também me senti solitário e furioso."

Use Gestos e Linguagem Corporal

Seu comportamento não verbal pode acionar a bomba do debate e contribuir para um ambiente de aprendizagem positivo ao ajudar a transmitir seu entendimento. Por outro lado, certos comportamentos não verbais podem ter um efeito negativo: balançar a cabeça em sinal de reprovação, virar os olhos para cima, franzir a testa ou inclinar-se subitamente para frente na cadeira. Esses sinais podem transmitir uma opinião negativa e fazer com que o aprendiz fique menos propenso a correr riscos.

Um gesto adequado é fazer que sim com a cabeça ou dizer "hã-hã" para indicar entendimento e incentivar a continuação do diálogo. Mas não exagere nenhum desses gestos ou o aprendiz poderá achar que você está tentando manipular o debate e não apenas ouvindo e incentivando.

O QUE FAZER E O QUE NÃO FAZER NOS DIÁLOGOS

Diálogos são situações interpessoais para misturar fatos, números e sentimentos no preparo de argúcia e compreensão. Diálogos são mais poderosos quando você:

- ouve,
- não ensina,
- permite discordância,
- cria um clima encorajador e acolhedor,
- está ciente da aprendizagem que está ocorrendo,
- trabalha tão arduamente para aprender com os aprendizes quanto espera que eles aprendam com você, e
- não pressiona os aprendizes a responderem ou se comportarem como você acha que deveriam.

Sobretudo, seja autêntico. Seja você mesmo enquanto define o tom, faz perguntas e resume diálogos com o aprendiz em vez de fazer algo artificial ou manipulador para continuar com o dar-e-receber.

Debates são oportunidades para os aprendizes melhorarem a aprendizagem, e não para o mentor ensinar. Fique fora do caminho o máximo possível para deixar que o aprendiz raciocine sozinho. Tente não dominar o debate. Você não precisa comentar tudo que o aprendiz diz. Às vezes, basta um "Ótimo!" ou "Obrigado".

Jack Gamble e os Diálogos

(Uma releitura do capítulo "*Mentoring* em Ação")

Jack fez outra tentativa: – Como ele reage quando você fica séria e preocupada?

– Não sei ao certo.

Jack tentou novamente: – Deixe-me reformular a pergunta. Se eu pedisse a Adam para descrevê-la honestamente quando vocês dois falam sobre o desempenho dele, que palavras ele usaria?

O comportamento de Tracy começou a mudar. Era como se as rodas da sabedoria estivessem girando em sua cabeça.

– Ele diria que sou incansavelmente paciente – ela respondeu, ainda meio perdida em pensamentos.

– O que mais?

Tracy respondeu com um certo entusiasmo na voz: – Ele não me descreveria como dura, exigente ou disciplinada.

Jack percebeu que ela estava resolvendo o próprio problema. Mais uma vez, ele parou antes de fazer outra pergunta. Sabia instintivamente que o ritmo era tudo quando a meta era o *insight*: – Então, o que você acha que deve fazer a seguir?

Tracy começou a esboçar etapas: uma conversa séria, um plano de desempenho, metas de curto prazo com *feedback* objetivo, supervisão com rédea curta e, sobretudo, menos compreensão e mais disciplina. Jack deu algumas idéias, mas principalmente afirmação e incentivo. Separaram-se com um acordo de reavaliar o problema dentro de alguns dias.

– Real não é como você é feito – disse o Cavalo de Pele. – É algo que lhe acontece... Não acontece de uma só vez, mas aos poucos. Demora muito. É por isso que não acontece sempre com pessoas que se quebram facilmente ou que têm o pavio curto ou que precisam ser cuidadosamente protegidas."

– Margery Williams,
The Velveteen Rabbit

CAPÍTULO 13

Para o Aprendiz

ENTRE NA ÁGUA SEM SE PREOCUPAR EM SE AFOGAR

Quando terminamos a seção anterior "Para o aprendiz", Sage lhe dizia...

– Lembre-se da outra parte... VOCÊ tem uma responsabilidade com Dale. Agora, vá em frente e fale sobre isso!

– Ah, Dale... tenho um outro objetivo também. Quero fazer o possível para que esta experiência de *mentoring* seja ótima para você.

Dale parece surpreso e visivelmente satisfeito. Reage com certo constrangimento, mas está, sem dúvida, emocionado. Você subitamente percebe que este relacionamento passou para um nível mais elevado.

– Você está indo muito bem. Vai dar tudo certo, não acha?

Dale faz algumas perguntas sobre sua experiência com mentores, sua reação a esta situação, como fazer dela uma boa experiência, potenciais campos minados interpessoais que vocês dois poderão encontrar. Pelo jeito, a conversa está indo bem. Então, Dale faz uma interpretação surpreendentemente honesta e aberta de um ex-mentor que parecia cometer todos os erros de *mentoring* do livro. Em seguida, você ouve: "Quais são os seus maiores temores neste relacionamento?" e é atingido, como se recebesse uma flechada de um arqueiro habilidoso.

– Oh, meu Deus – você pensa consigo mesmo. – Se eu não responder a essa pergunta, darei a impressão de ser insensível. Se responder com a franqueza que acho que Dale quer, darei a impressão de ser um fraco.

– Você tem de entrar na água mais cedo ou mais tarde. Arrisque. Diga a Dale exatamente como se sente.

– Bem, hum, hum... para ser sincero... na verdade, tenho algumas preocupações... que eu não chamaria de temores... na verdade, chamaria sim. Você vai fazer uma avaliação sobre mim no final desta tarefa. Isso me diz que preciso sempre dar o melhor de mim. E também sei que, se vou aprender alguma coisa, às vezes darei a impressão de ser bem idiota.

Dale respira fundo e olha firmemente para você. Seu coração dispara, como se você estivesse em uma corrida de cinqüenta metros. Subitamente, ele sorri e o agradece pela franqueza. Pelo jeito, ele estava preocupado com a mesma questão.

– *Não lhe disse? Franqueza é sempre a melhor política!*

À medida que você descreve suas preocupações com maiores detalhes em resposta à investigação sutil de Dale, ele ouve atentamente suas respostas. Na verdade, às vezes há pausas constrangedoras separando suas respostas da próxima pergunta de Dale. Certamente, esta é diferente das outras sessões de *mentoring*. Você está muito mais acostumado à saraivada de perguntas em que as últimas palavras de sua resposta são abafadas pelas primeiras da próxima pergunta. Dale parece sinceramente determinado a fazer um bom trabalho ao percorrer o caminho mais longo antes de chegar à essência do debate. Na verdade, as voltas que ele dá parecem demorar tanto que você começa a se perguntar sobre a eficiência desta abordagem.

– *Deixe Dale saber que você está ansioso para entrar na parte essencial da sessão de* mentoring. *Dale precisa de seu sinal agora.*

– Dale, estou muito entusiasmado em relação ao andamento desta sessão. Gostaria de apresentar um problema que estou tendo e ouvir sua opinião sobre como posso lidar com ele.

Dale parece satisfeito com seu entusiasmo em prosseguir.

Parte IV

Doar

O EVENTO PRINCIPAL

Doar

O EVENTO PRINCIPAL

Cresci em uma pequena fazenda no sul da Geórgia. Ganhava dinheiro para minhas despesas cortando grama no verão. (Acho que só inventaram o conceito de mesada em 1962 – depois que saí de casa!). Recebia 1 dólar por jardins de tamanho normal e 2, pelos maiores. Meus avós tinham um jardim de dois dólares. Eu sempre me animava quando era época de cortar a grama do jardim deles porque não havia muitos jardins de 2 dólares onde eu morava.

No verão de 1954, houve uma grande seca, sem nenhuma chuva, fazendo com que os jardins entrassem no modo "não cresça, apenas sobreviva". Eu esperava um ano letivo economicamente deprimente. Quase no final do verão, minha avó me chamou e disse: "Chip, quero que corte a grama do jardim". Fiquei maravilhado! Acho que a grama não precisava ser cortada, mas pelo jeito ela percebeu minha falta de dinheiro e veio em meu socorro. Cortei a grama e a encontrei na varanda dos fundos para receber meus 2 dólares. Porém, ela me entregou uma nota de 5 dólares e disse as palavras mais generosas que já ouvi: "Fique com o troco!" Aquilo mudou meu relacionamento com ela – e guardei o troco até ela morrer, aos 84 anos de idade.

Depois que você apresenta o convite ao processo de *mentoring* (ao ceder) e estabelece o relacionamento (por meio da aceitação), a plataforma está pronta para o evento principal: doar. Basicamente, o aprendiz fica na presença do mentor para receber os presentes que o mentor pode oferecer. Contudo, a maneira pela qual se lida com esse encontro pode fazer uma diferença dramática na qualidade tanto do aprendizado quanto de sua retenção.

Doar é uma expressão de generosidade; é diferente de dar. "Dar" freqüentemente implica uma certa reciprocidade; "doar" é a concessão de bens sem qualquer expectativa de retorno. O espírito de doar muda a natureza do relacionamento de dívida eterna baseada em culpa para parceria motivada pela alegria. E a aliança entre mentor e aprendiz é muito mais saudável quando o prazer de ensinar combina exatamente com o encantamento de aprender. Por quê?

Os relacionamentos são mais saudáveis quando há uma certa reciprocidade ou equilíbrio – não exatamente meio a meio, mas um nível adequado de imparcialidade. A maioria dos discípulos-recebedores, no entanto, sente-se eternamente em dívida com seus mentores-doadores: "Ela dá tanto e eu não tenho nada para retribuir". É assim que começam a culpa, a obrigação e a dívida. Essas ansiedades, por mais subliminares que sejam, atrapalham o desenvolvimento eficaz. O discípulo não tem uma forma tangível de equilibrar o relacionamento, ao menos em curto prazo. Portanto, é importante que o mentor demonstre que foi amplamente recompensado pela oportunidade de atuar como mentor e o prazer inerente ao processo. A reciprocidade é o mentor dizer indiretamente ao aprendiz: "Meu pagamento é a pura alegria de vê-lo crescer e aprender. Você não me deve nada".

Os próximos sete capítulos analisarão diversas dimensões do ato de doar. O capítulo inicial desta parte foca a doação mais freqüente associada ao *mentoring*: conselhos. O desafio que os mentores enfrentam é o de como dar conselhos sem suscitar a resistência do aprendiz. O próximo capítulo examina outra doação importante: o *feedback*. A motivação do discípulo aumenta quando o aprendiz percebe um objetivo valioso no aprendizado. Cabe ao mentor transmitir os fundamentos lógicos daquilo que será ensinado. O equilíbrio é outra importante contribuição para o processo de aprendizagem. Uma seção sobre as doações do mentor não ficaria completa sem a narração de histórias. As histórias são ferramentas de descoberta do discípulo desde a invenção da fogueira de acampamento. O penúltimo capítulo aborda a talvez mais importante doação do mentor: a paixão. Pouquíssimas atitudes alimentam o entusiasmo de um discípulo mais do que testemunhar o entusiasmo do mentor diante do processo de aprendizagem e seu fervor em relação às perspectivas de crescimento do aprendiz. Finalmente, analisamos esta fase do relacionamento de *mentoring* do ponto de vista do aprendiz, uma perspectiva que também mostra como os grandes mentores lidam com a culpa e com a gratidão que acompanham a doação.

CAPÍTULO 14

Evite o Gelo Fino

A DOAÇÃO DE CONSELHOS

Certa vez perguntaram ao famoso técnico de futebol americano da Carolina do Sul, Lou Holtz, qual era a parte mais árdua de seu trabalho. Com o conhecido charme do sotaque sulino, ele se esquivou da pergunta, mas acabou dizendo que uma das partes mais complexas era "ensinar lições que ficassem para sempre".

Os mentores têm um desafio similar. *Mentoring* pode envolver tudo, desde explicações no quadro-negro até debates acalorados e circulação de artigos relevantes, mas uma de suas partes mais difíceis é dar conselhos. Lembre-se da última vez em que alguém disse: "Deixe-me lhe dar um conselho!" Sem dúvida, essas palavras rapidamente o colocaram na defensiva.

Os psicólogos nos lembram que todos nós temos complexos de autoridade de gravidade variada. O mesmo acontece ao aprendiz – e a resistência dele ao conselho gera o desafio em ensinar lições que fiquem para sempre. Segundo o comentário de um supervisor frustrado: "Eu lhes digo o que fazer, mas parece que entra por um ouvido e sai pelo outro!" Dê conselhos sem enfrentar resistência

Dar conselhos funciona apenas no contexto de aprendizagem – ou seja, quando você dá conselhos porque acredita que o desempenho do aprendiz melhorará se aprimorar seus conhecimentos ou aptidões. Isso é importante porque, para que o ato de dar conselhos realmente funcione, você precisa estar pronto para o fato de o aprendiz optar por não acatar seus conselhos. Se o aprendiz não tem uma escolha real para honrar seus conselhos, você deve simplesmente dar uma diretriz e encerrar o assunto. Expressar sua exigência como conselho é uma ação manipuladora e apenas provocará desconfiança e ressentimento.

Há quatro etapas para tornar o ato de dar conselhos mais poderoso e produtivo. Preste atenção à seqüência; ela é crucial para você obter sucesso.

Etapa 1: Expresse com Clareza o Problema de Desempenho ou a Meta de Aprendizagem

Ao aconselhar, comece deixando o aprendiz saber o foco ou a intenção de seu *mentoring*. Suponha que você esteja aconselhando sobre a melhoria do desempenho em uma nova aptidão que o aprendiz está tentando dominar. Você pode dizer: "George, eu gostaria de falar com você sobre o fato de que, embora seu índice de ligações do último trimestre estivesse elevado, suas vendas caíram 20%". Para que o aconselhamento funcione, você precisa ser bem específico e claro em sua explicação. A ambigüidade obscurece a conversa e pode causar o risco de deixar o aprendiz mais confuso do que esclarecido.

Definir o foco – em geral, uma técnica importante de *coaching* – ajuda a selecionar a forma e o conteúdo dos conselhos. O problema é algo que não está funcionando ou é algo que está faltando? Em outras palavras, a ocasião para os conselhos é uma deficiência de aptidão (que exige *mentoring*) ou uma deficiência de vontade (que exige *coaching*)? Ser claro desde o início sobre o objetivo de seu conselho pode ajudar a transformar idéias dispersas em conselhos concentrados, como um raio laser.

Etapa 2: Certifique-se de Que Vocês Concordam com o Foco

Se o que lhe parece um desafio de desempenho é visto pelo aprendiz como alguma outra coisa, seus conselhos serão considerados supercontroladores ou sufocantes. Certifique-se de que o aprendiz está tão interessado em melhorar quanto você está em vê-lo melhorar. Talvez você perceba que ele já determinou o que fazer e praticamente não necessita de seus conselhos. Sua meta é ouvi-lo dizer algo como: "Sim, também estou preocupado com isso".

O que fazer se você acha que há algo que o aprendiz precisa aprender, mas ele não está disposto a fazê-lo? Ensinam-se (mas não se aprendem) muitas lições nesse contexto. Abraham Lincoln disse: "Aquele que se deixa convencer contra sua vontade ainda manterá a mesma opinião".

Veja de uma perspectiva mais ampla. Se uma deficiência de desempenho precisa ser remediada, tenha à mão informações objetivas que vocês dois possam analisar. Se nada der certo, espere até que o aprendiz demonstre que está preparado para aprender. Para exagerar o adágio: "Pode-se conduzir o cavalo à água, mas não se pode fazê-lo pensar". Embora os aprendizes não sejam cavalos, às vezes são igualmente teimosos.

Etapa 3: Peça Permissão para Dar Conselhos

Esta é a etapa mais importante. Neste ponto, sua meta se divide em duas partes:

1. dar conselhos sem gerar a resistência do aprendiz, e

2. manter a responsabilidade do desafio com o aprendiz.

Isso não significa perguntar: "Você pode me dar permissão para...?". Em vez disso, pode dizer: "Tenho algumas idéias sobre como você pode melhorar, se achar que lhe podem ser úteis".

Sei o que você está pensando. Que tolo diria ao chefe "Não estou interessado em seus conselhos!"? Obviamente, a maioria dos aprendizes acatará seus conselhos, e muitos ficarão gratos. Mas lembre-se: seu objetivo é se comunicar de uma maneira que minimize o controle sobre o aprendiz ou a coerção – sobretudo a percepção de ser controlado.

A essência da resistência é o controle. Nenhum de nós gosta de receber ordens, e alguns são mais rebeldes que outros. Então, o que você deve fazer se, apesar de se esforçar, perceber a resistência do aprendiz?

Duas regras:

1. **Nunca se oponha à resistência.** Recue; dê um tempo. Analise sua postura, seu tom de voz e seu vocabulário para ver se pode estar inadvertidamente fomentando a resistência.

2. **Cite o problema e assuma!** Às vezes, o simples fato de expressar, de forma discreta e sem confrontação, como você vê a situação – enquanto assume a culpa – pode reduzir a tensão. Você poderia dizer: "Talvez eu esteja errado, mas acho que posso ter sido muito duro e dado a impressão de estar comandando você. Não foi minha intenção".

Etapa 4: Formule Seus Conselhos na Primeira Pessoa do Singular

Palavras como "você deveria" aumentam rapidamente a resistência! Manter seus conselhos na primeira pessoa do singular – "o que achei útil" ou "o que funcionou para mim" – ajuda a eliminar palavras como "deveria". O aprendiz ouvirá os conselhos sem resistência e sem ficar na defensiva.

UM DRAMA EM QUATRO ATOS

Agora vamos reunir as etapas em um roteiro teatral para ilustrar o tom e a técnica de doar conselhos. Billy é um novo atendente do setor de reservas da Mayday Airlines; Kay é sua chefe de seção. Mayday acabou de instalar um novo sistema de reservas. Algumas funções são semelhantes às do sistema antigo, no qual Billy era especialista. Algumas das etapas podem ser feitas de várias maneiras. Kay observou que Billy seguia uma abordagem do tipo um-dois-três no novo sistema, como fazia no antigo. Ela acredita que a eficiência de Billy aumentaria se ele usasse uma abordagem do tipo dois-três-quatro-um.

Kay: "Billy, estou impressionada com seu trabalho. Também notei que seu ritmo parece diminuir quando você usa a abordagem um-dois-três".

Billy: "Sim, confesso que me sinto muito mais à vontade com este método. Acho que o fato de usá-lo há 10 anos tem uma certa influência".

Kay: "Sei exatamente o que quer dizer. Para mim, foi difícil abandonar algumas abordagens mais antigas, principalmente porque eu era avaliada pela velocidade, e mudar para uma nova abordagem me deixava mais lenta, no início. Estou observando seu trabalho e tenho uma sugestão que pode ajudá-lo a melhorar a velocidade, com o tempo".

Billy: "Diga, sou todo ouvidos se isso me ajudar a trabalhar mais depressa".

Kay: "Constatei que a abordagem dois-três-quatro-um, embora estranha no início, me deu muito mais controle sobre os campos de reserva e, depois de um ou dois dias, ficou, na verdade, mais fácil que a antiga. Serei honesta com você – se alguém me tivesse dito que era mais simples, eu não teria acreditado. Mas experimentei e fiquei surpresa. Talvez você também queira experimentá-la".

Billy: "Tudo bem. Vou tentar".

E, obviamente, viveram felizes para sempre.

Doar conselhos é como jogar *pinball*: a única maneira de fazer a bola tomar uma nova direção e aumentar o placar é sacudir a máquina. Mas fazer isso em excesso pode causar um *tilt* e parar o jogo. Mentores eficazes reconhecem o desafio de "lições que ficam para sempre" e enfrentam-no unindo a sabedoria à sensibilidade. Mantêm a bola em jogo o máximo possível por meio da aplicação sensata de sacolejos, cutucões e colisões, construindo o placar – a competência do aprendiz.

"Não há problema humano que não possa ser solucionado se as pessoas simplesmente agirem como eu aconselho."

– Gore Vidal

Jack Gamble e o Aconselhamento

(Uma releitura do capítulo "*Mentoring* em Ação")

Jack esperou até ter certeza que ela não tinha mais nada a dizer sobre o assunto:

– Em que posso ajudá-la? – ele perguntou, sem querer impor sua ajuda.

Tracy o encarou: – Acho que preciso que você faça uma sondagem e, talvez, que me dê algumas idéias para animá-lo ou despedi-lo.

– Em sua opinião, qual é o problema? – perguntou Jack.

– Seu estado de ânimo é péssimo. Quando tento falar com ele sobre seu desempenho, suas atitudes são muito defensivas, como se estivesse ofendido por eu tocar no assunto.

Jack pensou por alguns instantes: – Vejo que é um osso duro de roer. Nunca me senti à vontade com funcionários que apresentam um desempenho ruim. Sempre fico ansioso quando tenho de ser duro com um funcionário. Vejo...

– Mas você consegue mudá-los – interrompeu Tracy.

Jack percebeu que Tracy achava que ele tinha algum segredo mágico que guardava para si: – Você acredita que haja uma técnica especial que talvez você desconheça.

– É, acho que sim, de certa forma. Você faz com que tudo pareça simples. Lembro-me de quando teve de despedir Edsel Joiner. O cara acabou agradecendo pela demissão.

Jack não respondeu durante um tempo. Subitamente, Tracy sentiu-se constrangida, como se tivesse permitido que o fluxo de emoções ultrapassasse os limites. Então, com uma emoção incomum na voz, Jack disse: – Foi a coisa mais assustadora que já fiz desde que comecei a trabalhar aqui.

Os dois ficaram ali, sentados, em silêncio.

CAPÍTULO 15

Relate os Pontos Fracos

A DOAÇÃO DE *FEEDBACK*

Ken Blanchard atribuiu à palavra *feedback* o significado de "desjejum dos campeões". Ken deu-nos mais do que uma frase interessante ao tomar emprestado o slogan da propaganda de cereais Wheaties®. Quando se disseca a palavra em partes – *feed* e *back* –, obtém-se a conotação pretendida de *feedback* como ferramenta para nutrir a sabedoria. Considere-a como um combustível da aprendizagem. E considerando-se que o desjejum é a refeição mais importante do dia (nós literalmente quebramos o jejum), o simbolismo é muito mais significativo do que chamá-la de o "jantar dos campeões".

Como doar *feedback* para alimentar o crescimento? Comece reconhecendo que, enquanto doar conselhos pode trazer à tona certa resistência, doar *feedback* pode gerar ressentimento. Aconselhar tem a ver com expandir o escopo de conhecimentos; *feedback* diz respeito a preencher um ponto fraco. Explicarei com um exemplo da vida real.

No final dos anos 60, servi no Vietnã como comandante de unidade de infantaria do exército no 82º Airborne. Ligado à minha unidade de combate havia um oficial de artilharia que funcionava como observador de vanguarda (OV) para a unidade de artilharia na retaguarda, que dava cobertura às nossas operações de campo. Este OV atuava, basicamente, como os olhos do operador que puxava o dispositivo de disparo na peça de artilharia. Como os projéteis eram disparados a milhas de distância, o OV analisava o impacto que eles causavam e, usando um rádio de campanha, informava as correções para melhorar a precisão dos próximos disparos.

O OV nunca dizia: "Péssimo tiro" ou "Bom, foi melhor do que na semana passada". Ele simplesmente dizia: "Reduza cem metros", "Cento e cinqüenta a oeste" ou "Bingo!". Isso era um *feedback*, não um conselho; o OV tinha a perspectiva que o atirador precisava e não possuía.

Há uma diferença fundamental entre o *feedback* de artilharia e o *feedback* de *mentoring*: provavelmente o *feedback* de artilharia não enfurece quem o recebe. Conselhos são conhecimentos especializados que o aprendiz talvez tenha ou possa adquirir. Portanto, a resistência aos conselhos tem a ver com uma inteligência prematura – ou seja: "Você (o mentor) está dizendo a mim (o aprendiz) algo que você sabe que, com o tempo, posso aprender sozinho". Mas em relação ao *feedback*, a questão é: "Você (o mentor) está me dizendo algo que sabe que nunca aprenderei sozinho, e isso me irrita". O perigo com os conselhos é o potencial para resistência; com o *feedback*, é o potencial para ressentimento.

Você talvez esteja pensando: "Mas e o *feedback* positivo? Os aprendizes certamente não vão se ressentir do *feedback* que lhes diz que seus esforços estão perfeitos". Para o aprendiz, no entanto, essa confirmação bem-intencionada pode parecer paternalista. A resposta não dita ao seu "Este relatório que você redigiu está completo e eficaz" talvez seja "O que lhe dá o direito de me dizer isso?".

Certa vez conheci uma cega (hoje seria chamada de deficiente visual). Ela não se intimidava com a deficiência. Em um jantar, uma amiga lhe perguntou: "O que é mais difícil para o cego?" Ela respondeu: "Quando me ajudam, às vezes não sei dizer se a ajuda é para minha preservação ou para a ostentação deles". O *feedback* positivo deve conter o mesmo nível de cuidado que o *feedback* corretivo.

SIRVA O DESJEJUM DOS CAMPEÕES

Como um mentor concede um presente que, por natureza, lembra ao aprendiz sua incapacidade de vê-lo? A seguir, quatro etapas que podem tornar o ato de dar *feedback* mais poderoso e mais produtivo. As etapas são numeradas porque a ordem é vital para sua eficácia.

Etapa 1: Crie um Clima de Identificação – "Sou Como Você"

Um fator-chave ao dar *feedback* é o constrangimento do aprendiz em relação a algum ponto fraco. É claro, "constrangimento" às vezes pode ser uma palavra fortíssima para os sentimentos do aprendiz, mas em outras não é forte o suficiente. Qualquer que seja a situação, o mentor pode melhorar a receptividade do aprendiz ao criar um clima de identificação. Faça comentários que contenham uma mensagem do tipo "Sou como você – ou seja, não sou perfeito". Não precisa ser uma mensagem longa – apenas uma ou duas frases para estabelecer empatia.

Etapa 2: Expresse o Motivo do *Feedback*

Além de superar o constrangimento em relação ao ponto fraco, o aprendiz precisa entender o contexto do *feedback*. Ajude-o a ter uma percepção clara do motivo pelo qual o *feedback* está sendo dado. Certifique-se de que há uma perspectiva clara que dê sentido ao *feedback*. Quando você dá um *feedback*, não deseja que o aprendiz fique se perguntando: "Por que ele está me dizendo isso?" ou "Como posso me beneficiar disso?".

Etapa 3: Imagine Que Está Dando o *Feedback* a Si Mesmo

Além de ser claro e transmitir empatia, o *feedback* precisa ser direto e honesto. Isso não significa que precisa ser cruel nem indelicado; significa que não se deve deixar o aprendiz imaginando coisas. "O que ela não me disse que eu precisava saber?" A confiança nasce da comunicação objetiva. Pense em sua meta assim: como você apresentaria o *feedback* se o estivesse dando a si mesmo? Baseie-se em suas preferências; dê o *feedback* como gostaria de recebê-lo.

Etapa 4: Peça Aquilo Que Você Deu – *Feedback*

Há uma ação que você pode empreender que lhe ajudará a melhorar seu *mentoring* e a nivelar o campo de jogo na opinião do aprendiz: peça que ele lhe dê *feedback*. Deixe o aprendiz saber que você quer que o processo de *feedback* seja bilateral. De tempos em tempos, o observador de vanguarda vinculado à minha unidade de infantaria do exército pedia ao atirador *feedback* sobre sua técnica de OV. O atirador tinha a chance de fazer algumas correções, por assim dizer. Nossa unidade obtinha confiança por saber que o diálogo era bilateral.

BEBA SEU PRÓPRIO VENENO

Quando ingressei na faculdade, tive contato com um famoso modelo de comunicação chamado Janela Johari, desenvolvido por Joe Luft e Harry Ingham. O instrutor fez a teoria parecer um conceito profundo e misterioso. Achei que era um vislumbre ofuscante do óbvio. Contudo, anos depois revi o modelo e descobri que o instrutor não conseguira apresentar o ponto principal – o ponto convincente – e fez com que o modelo parecesse muito mais superficial do que seus criadores pretendiam.

Eis aqui um rápido resumo do modelo, no contexto de *mentoring*.

Quando mentor e aprendiz interagem, há coisas que o aprendiz sabe sobre o mentor, e há coisas que desconhece. Por outro lado, há coisas que o mentor sabe sobre o aprendiz e coisas que desconhece. Se unirmos essas duas partes, teremos um modelo 2 X 2 (ver Figura 2 na página seguinte).

	SEI	DESCONHEÇO
OUTROS SABEM	Área pública (ABERTA)	Área de "mau hálito" (CEGA)
OUTROS DESCONHECEM	Área particular (OCULTA)	Área de potencial oculto (DESCONHECIDO)

***Figura 2.** Janela Johari*

A célula "Outros Sabem/Sei" é chamada de nossa "Área pública" – você sabe que sou do Texas, e eu também. A célula "Outros Sabem/Desconheço" é chamada de "Área de mau hálito" – coisas que outros sabem sobre você e poderiam lhe dizer, mas não dizem. "Outros desconhecem/Sei" é nossa área particular – segredos que guardamos a nosso respeito. "Outros desconhecem/Desconheço" representa nosso potencial oculto ou desconhecido – aspectos de nós mesmos que nem nós nem os outros conhecem porque nunca tivemos a oportunidade de demonstrá-los.

Quando o instrutor apresentou a Janela Johari à nossa turma, ele parou aqui. Mas há mais... muito mais. O que ele não explicou é que a compreensão vem por meio do aumento de nossa área pública – em um relacionamento de *mentoring*, a parte conhecida tanto pelo mentor quanto pelo aprendiz. Como o mentor desloca a fronteira de "Outros sabem" para baixo e a de "Sei" para a direita para aumentar a Área pública?

Pode-se deslocar para baixo a fronteira horizontal da Área pública (linha A) por meio da revelação. Quando revelamos áreas anteriormente particulares para que se tornem públicas, aumentamos o tamanho daquela célula na dimensão "Outros sabem/Outros desconhecem". Deslocamos a linha B para a direita ao solicitarmos *feedback*. Se você pedir *feedback* ao aprendiz e ele corresponder, coisas anteriormente "Desconhecidas para mim" são reveladas. A idéia é usar os dois métodos – revelação e *feedback* – para deslocar as fronteiras em ambas as direções. Lembre-se: a compreensão vem de uma Área pública ampla... emanando dos conhecimentos que você e o aprendiz compartilham.

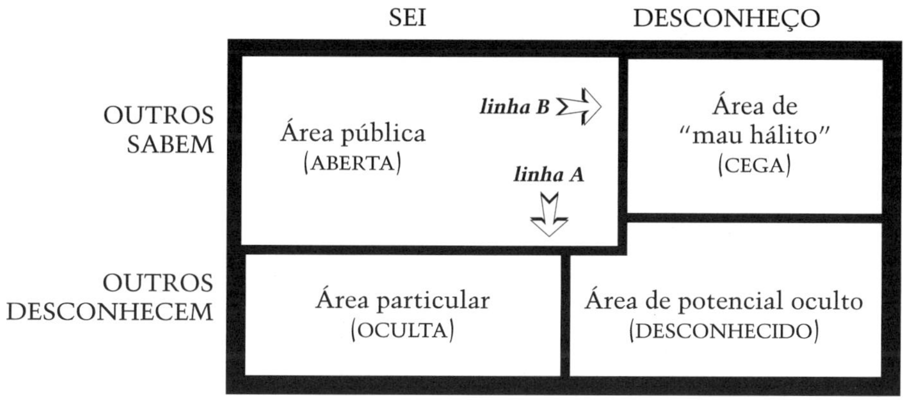

FIGURA 3. EXPANSÃO DA ÁREA PÚBLICA

UM CONVITE PARA O DESJEJUM

Eu prometi uma boa conclusão para a história. Ei-la: antes que possamos solicitar *feedback*, precisamos começar a fazer revelações. Antes que possa obter *feedback* prático do aprendiz, você precisa estar disposto a se abrir e a revelar facetas de si mesmo que o aprendiz talvez desconheça.

Para um exemplo real, consideremos Bruce Fritch. Bruce sempre foi um mentor importante para mim. Embora hoje não tenhamos tanto contato quanto na época em que morávamos na mesma cidade, ele continua a demonstrar grande interesse por meu desenvolvimento profissional. Meus melhores avanços na aprendizagem advêm de nossos debates profissionais superfrancos. E posso ouvir e valorizar seu *feedback* "sem rodinhas traseiras de segurança" porque ele insiste na reciprocidade – solicita *feedback* com a mesma perseverança que o dá!

Bruce solicita meu *feedback* catalogando, primeiro, algumas das "verrugas" pessoas e profissionais que está tentando remover. Isso me dá uma idéia da dimensão da abertura que ele gostaria de encontrar em nossa conversa. Sua atitude corajosa me dá a confiança necessária para eu solicitar um *feedback* igualmente honesto. Embora o resultado não seja, de modo geral, totalmente confortável, é sempre muito prático e preciso. Juntos, obtemos enorme valor nutritivo do desjejum dos campeões.

É instrutivo que a palavra *feedback* comece com a palavra *feed*. Realmente o melhor preenchimento de lacunas acontece no espírito de alimentar ou nutrir. Também é apropriado que a palavra "conselho" provavelmente se origine do latim *concilium*, que significa "reunir".

Nossas palavras "aconselhar" e "consultar" têm a mesma raiz. Se misturarmos essas definições arcaicas de *feedback* e conselho, teremos uma descrição perfeita de uma parceria de aprendizagem – "alimentar juntos".

"É difícil aceitar críticas honestas, sobretudo de um parente, amigo, conhecido ou desconhecido."
– Franklin P. Jones

CAPÍTULO 16

Associe Proficiência a Propósito

A DOAÇÃO DE FOCO

A Sra. Ridley e eu tivemos uma grande discussão em uma aula de inglês da 12ª série. Tínhamos acabado de receber a correção de uma prova sobre nossa compreensão do antigo clássico *Beowolf*. Uma das perguntas da prova era: "Quais foram os principais ingredientes da torta servida no banquete do rei?". Eu não tinha a menor idéia e deixei a pergunta em branco.

– Por que conhecer os ingredientes desta torta nos ajudará mais tarde na vida? – perguntei rispidamente à Sra. Ridley. Minha insolência irritada contrastou bruscamente com sua paciência carinhosa enquanto ela habilmente acalmava meu alvoroço inesperado. Não me lembro que explicação ela deu. Apenas me lembro de me questionar por que, subitamente, aos dezessete anos de idade, eu estava preocupado com a relevância futura, algo que simplesmente ignorara alguns anos antes. Agora sei que era um sinal de maturidade emergente.

Lembre-se: a aprendizagem infantil e a adulta diferem quanto ao foco. As crianças são pacientes com a aplicação tardia e com a promessa de que "um dia você verá que isso é útil". Os adultos questionam o valor de saber os ingredientes da torta no banquete do rei. Como adultos, queremos relevância em tempo real e aplicação imediata. E, se o vínculo com a utilidade não for claro ou for inexistente, nossa motivação cai e nossa atenção se dissipa.

A motivação adequada do aprendiz é vital para sua aprendizagem. A motivação vem à tona, em parte, quando ligamos o que está sendo aprendido a um propósito maior. Chame-a de "competência por uma causa justa", para sugerir que, como aprendizes, precisamos do "por quê?" tanto quanto do "como". Queremos que nossa busca seja na direção de algum ponto final desejável, como Peter Senge escreveu em *A Quinta Disciplina*: "A opinião compartilhada é vital para a organização de aprendizagem porque proporciona foco e energia para o aprendizado. A aprendizagem inovadora ocorre somente quando as pessoas estão se esforçando para realizar algo que lhes interessa profundamente".

"O futuro pertence àqueles que acreditam na beleza de seus sonhos."

– Eleanor Roosevelt

FOCO NO OBJETIVO

A Ritz-Carlton Hotel Company é famosa por sua extraordinária elegância e seu serviço de primeira classe. Vencedora do Malcolm Baldrige National Quality Award em 1992 e 1999, alcançou distinção não apenas por meio da excelente qualidade, mas pela constância da excelente qualidade – em todos os hotéis e propriedades. Uma parte fundamental da coerência da Ritz-Carlton vem de uma visão clara: "Somos senhores e senhoras servindo senhores e senhoras". Cada funcionário, do gerente geral à camareira, não tem dúvidas quanto a essa visão e nem em relação às implicações específicas para sua função.

Por mais clara e poderosa que seja essa visão – e as vinte práticas de atendimento ao consumidor que a acompanham –, ela é inútil se não for mantida viva e atualizada. Torna-se apenas um cartão plastificado, dobrado em duas ou três partes, que cabe no bolso, a não ser que sirva como base ou exemplo de cada ação e decisão. Quando os funcionários da Ritz-Carlton ficam "alinhados" para uma reunião de dez minutos, em pé, em cada departamento, em cada mudança de turno, é feita uma articulação de "o que aprendemos hoje que influenciaria os hóspedes de amanhã". A aprendizagem é vinculada ao propósito. A orientação de todo novo funcionário começa com a visão e os valores, e não com políticas e procedimentos.

A Nordstrom usa a política de *empowerment* dos funcionários – "Use o bom senso em todas as situações" – como base para muitos de seus programas de aprendizagem. "A aprendizagem na Nordstrom", diz um gerente de departamento na loja principal no centro de Seattle, "é toda voltada para ajudar os associados a pensarem como proprietários. O bom senso advém do bom *know-how*." A Springfield ReManufacturing vai um pouco mais longe. Os funcionários recebem lições sobre aptidões de conhecimentos empresariais. "Queremos que nossos funcionários saibam as aptidões necessárias para administrar suas funções como se fosse sua empresa. Se eles não souberem o impacto de suas decisões diárias na lucratividade do negócio, como podemos esperar que não sejam ineficazes ou perdulários?", diz o CEO Jack Stack.

Por Que Antes de O Quê e Como

Mentoring com foco significa dedicar tempo a ajudar a ligar a nova perspicácia a um objetivo interessante. Pode não ser a visão global da empresa, como a vanguardista Ritz-Carlton, mas sim um objetivo de curto prazo da unidade. O guru da aprendizagem adulta, Frederic Margolis, diz: "Ao dar orientações de aprendizagem, sempre deixe o "por que" vir antes de "o quê" ou "como". O ponto crucial da idéia de Margolis é que os discípulos podem, emocional e psicologicamente, ouvir o "o quê" ou "como" de maneira bem diferente se precedidos pelo motivo.

O fundamento lógico é sempre apresentando do ponto de vista do aprendiz, e não do mentor, da unidade ou da organização. Esta é a diferença:

Do Ponto de Vista da Organização:

"Ao entrevistar um indivíduo para um emprego, você pode escolher revelar ou não certas coisas sobre si ou sobre a organização. Na Acme, acreditamos que você deve saber o que revelará antes de começar a entrevista. Daqui a pouco você terá a oportunidade de praticar a revelação de informações."

Do Ponto de Vista do Aprendiz:

"Ao entrevistar um indivíduo para um emprego, você pode escolher revelar ou não certas coisas sobre si ou sobre a organização. O que importa é que você se sinta à vontade e competente para revelar certas informações à pessoa que será entrevistada. Esta sensação advém da experiência. Quanto mais arriscamos, melhor nos tornamos para correr riscos. Daqui a pouco você terá a oportunidade de praticar a revelação de informações."

O fundamento lógico deve conter um motivo pessoal e profissional para o aprendizado. O motivo apresentado deve ser aquele com o qual o aprendiz possa se identificar, que faça sentido tanto em termos lógicos quanto emocionais. Não deve ser uma justificativa apresentada pelo mentor em termos das necessidades da unidade ou da organização.

Fundamente Resumos com Substância

Fundamentar está relacionado a criar uma base para a aprendizagem. Fundamentar proporciona uma firmeza maior às novas aptidões ou conhecimentos. Pense no motivo da aprendizagem como o provedor não apenas de direção, mas também de raízes. Construir uma base é, por definição, um ato inicial. Contudo, bases só podem sustentar se receberem manutenção. Um mentor eficaz freqüentemente retornará ao fundamento lógico e "ajudará o aprendiz a manter contato com a base". Uma forma de fazer isso é com um resumo, como: "De maneira geral, esta aptidão é vital para o que estamos empenhados em realizar porque...". Ou podemos reforçar o fundamento com uma pergunta: "Diga-me novamente por que este aprendizado é importante?".

Discípulos adultos precisam de um senso de propósito para ancorar seu entusiasmo. Mentores inteligentes podem apoiar uma aprendizagem com propósito usando a visão, os objetivos e os motivos para assegurar que o crescimento tenha tanto direção (foco) quanto fundamentação (base). Não são as palavras que pronunciamos, mas sim a estratégia empregada para elevar a aprendizagem de uma simples tarefa a ser realizada a uma causa maior e mais nobre.

CAPÍTULO 17

O Segredo do Azulão

A DOAÇÃO DE EQUILÍBRIO

Há um ninho de azulão em um carvalho a pouco menos de 2 metros da janela de nosso quarto. O mesmo casal de azulões vem toda primavera construir, povoar e esvaziar aquele ninho. Na primavera passada, seu processo de *parenting* levou-me a refletir sobre como as lições de vôo do azulão poderiam ser instrutivas para mentores. O azulão não choca simplesmente os ovos e parte. Ele age como mentor para levar o filhote da segurança do ninho à serenidade do vôo.

O *mentoring* eficaz é especialmente importante nesta era de mudanças rápidas e crescente complexidade organizacional. Funcionários que não continuam a crescer serão incapazes de lidar com as situações, de se adaptar e de obter êxito. Aqueles que esperam pela próxima vaga em um curso de treinamento essencial serão rapidamente deixados para trás. Em momentos como este, o mentor torna-se a fonte principal de aprendizagem em tempo real para o funcionário. Mas combinar uma função de liderança com uma meta "em vista" exige equilíbrio – e é aí que entra o azulão.

ENCONTRE O MOMENTO PROPÍCIO PARA ENSINAR

Como o azulão sabe quando seus filhotes estão prontos para deixar o ninho? O azulão tem instintos geneticamente codificados e uma percepção inata do momento exato de abandonar os filhotes. Ele observa certos sinais sutis de maturidade: a inquietação, a força das asas, a impaciência do filhote que investe em direção à saída do ninho, mesmo quando não há comida no bico da mãe, e muitas outras coisas que ele não informou aos ornitólogos.

Uma explicação para sua concentração é a maneira como consideram diversos pontos de vista. Os pais freqüentemente pousam a certa distância e chamam o filhote como se quisessem medir o tempo de resposta – com que rapidez Júnior responde ao trinado? O pássaro adulto pousa sobre o ninho e olha pela abertura da entrada. Embora seja obviamente mais fácil observar de dentro, o azulão sabe que, para obter uma imagem verdadeira, o exame minucioso familiar e confortável deve ser equilibrado com perspectivas de condições e ângulos mais perigosos e diversificados.

Os filhotes do azulão e os aprendizes precisam de momentos propícios para o ensino. Uma das principais queixas dos aprendizes sobre os mentores é: "Ele não estava por perto quando realmente precisei dele". Esta oportunidade fundamental, e muitas vezes breve, é, às vezes, denominada de "momento propício para o ensino". A ocasião oportuna é importante: é uma combinação da prontidão do discípulo para aprender, da rapidez com que se pode aplicar o aprendizado e das condições especiais prováveis para promover ou apoiar a aprendizagem.

Portanto, o que o mentor deve fazer para combinar o ensino com o momento oportuno? E como ele demonstra a quantidade certa de atenção? O excesso de atenção pode sufocar o aprendiz; sua insuficiência pode fazê-lo se sentir abandonado.

- Permaneça atento a cada oportunidade de promover descobertas. Sempre que se comunicar com o aprendiz, pergunte a si mesmo: "É possível aprender alguma coisa com isto?".

- Procure sinais de apatia, tédio ou desinteresse no aprendiz, os quais podem indicar uma estagnação na aprendizagem.

- Pergunte "A" e tente ouvir "B". Por exemplo, pergunte: "Como você descreveria o desafio no seu trabalho?", mas ouça a resposta como se você tivesse perguntado: "Como você descreveria seu crescimento ou déficit de aprendizagem em seu trabalho?". É muito mais fácil os aprendizes falarem sobre desafios – ou a falta deles – do que sobre um déficit de aprendizagem.

- Observe o aprendiz trabalhar, mantendo uma certa distância. Enquanto observa o ninho a distância, tenha em mente que sua meta é determinar se seria um bom momento para intervir como mentor.

APÓIE SEM RESGATAR

Na manhã em que o filhote de azulão alçou aquele primeiro vôo desajeitado, do ninho até o arbusto mais próximo, os pais estavam presentes, orgulhosos e, sem dúvida, ansiosos. Quando o filhote vacilante fez um vôo curto e desajeitado, um dos pais estava na árvore próxima, oferecendo-lhe trinados reconfortantes de incentivo.

Subitamente, Taco (Bell), nossa gata preta, apareceu na esquina. Instantaneamente, um dos pais voou a poucos centímetros de Taco, distraindo-a por tempo suficiente para que o filhote alcançasse um galho seguro. Foi uma bela demonstração de altruísmo corajoso do pai, um apoio vital e oportuno – mas o piloto aprendiz ainda ficou sozinho para voar.

Os mentores proporcionam apoio e incentivo enquanto os aprendizes trabalham para dominar, com confiança, novas aptidões ainda instáveis. Os desafios para todos os mentores são: "Quando o apoio excessivo se transforma em resgate?" e "Quando a insuficiência de apoio se torna um sinal de insensibilidade?". A maioria dos mentores se sente tentada a ajudar a ponto de interferir. Freqüentemente dizemos: "Deixe-me lhe mostrar como fazer isso!" quando deveríamos perguntar: "Qual você acha que deveria ser o próximo passo?".

A seguinte afirmativa do tipo complete-você-mesmo pode ajudá-lo a encontrar o equilíbrio entre o apoio prático e o resgate inútil:

Se eu fosse realmente honesto comigo mesmo, diria que costumo oferecer ajuda porque:

- Não quero ver o aprendiz repetir os erros que cometi.
- Não posso me dar ao luxo de aceitar tantos erros em nome da aprendizagem.
- Não quero ver o aprendiz magoado, constrangido, decepcionado ou desanimado.
- Preciso mostrar ao aprendiz como sou competente.
- Se eu não mostrar ao aprendiz como fazer, ele nunca aprenderá ou será competente.

Se há uma lição que o azulão pode nos dar é o exemplo vivo da coragem do professor em deixar que o discípulo fracasse. Mentores, como pais, querem que a aprendizagem seja indolor, mas o crescimento mais significativo ocorre por meio do desconforto ao se esforçar para dominar uma aptidão. Para aprender a andar e correr, os joelhos ficam esfolados. O azulão mergulhou corajosamente em direção ao gato ameaçador enquanto o discípulo voava, desajeitado, pelo quintal. O pai deu a impressão de proteger o filhote – e mais: demonstrou bravura. Discípulos ousam correr riscos quando vêem o professor agir da mesma maneira.

Evite a Perfeição

Há uma coisa que este livro não se cansa de repetir: o maior presente que o mentor pode dar ao aprendiz é demonstrar autenticidade e veracidade. Por outro lado, a maior barreira à aprendizagem é um ambiente repleto de expectativas de perfeição e implicações de "Por que você não pode ser tão bom quanto eu?". Não há nada errado com mentores que se exibem para os aprendizes, desde que estejam sendo autênticos – e demonstrando, inclusive, suas imperfeições.

- Grave suas sessões de *mentoring* para ver se sua linguagem é controladora: "Quero que você...", "Você deveria...", ou a palavra paternalista "nós", por exemplo, "Agora nós precisamos tomar nosso remédio".

- Preste atenção se você está correndo tantos riscos interpessoais quanto o aprendiz no intuito de ser verdadeiro e aberto. Você fala como um especialista ou um colega de turma? Para o aprendiz, você parece uma professora antiquada ou um colega experiente?

- Elimine qualquer coisa que possa transmitir a idéia de poder ou distância. Praticar *mentoring* sentado a uma mesa pode ser muito mais intimidante do que se sentar formando um ângulo de 45°, sem barreiras. O poder da função ou da posição pode ser obstáculo quando a aprendizagem for o objetivo. Tome medidas para minimizar este efeito, em termos literais e simbólicos.

- Esteja aberto a opiniões alternativas e interpretações singulares. O caminho para a excelência avança em ziguezague entre perspectivas extremas. Ajude o aprendiz a apurar sua perspectiva ao honrar o extremo, enquanto faz perguntas para incentivar a descoberta de uma posição equilibrada e mais eficaz.

- Leve a aprendizagem a sério, mas não a si mesmo. Ria com o aprendiz, nunca dos erros que ele cometer. Dizer, de vez em quando, "Cometi este mesmo erro" pode eliminar a apreensão do discípulo e promover o ato de correr riscos, tão necessário à aprendizagem.

Nosso casal de azulões está com o ninho vazio, agora. O filhote, sem dúvida, se juntou ao mundo dos adultos e está por aí, caçando insetos saborosos, fugindo de gatos curiosos e, talvez, servindo como instrutor de vôo para uma geração mais jovem. Como o azulão, o presente final do mentor é permitir ao aprendiz a liberdade para encontrar o próprio caminho.

Equilíbrio e a Escala de Mentores

A escala pode ser útil para examinar a questão do equilíbrio. A seguir, alguns cuidados que você deve ter segundo sua pontuação na Escala de Mentores.

Sociabilidade

BAIXA: Talvez você tenha propensão a deixar o aprendiz se sentir abandonado. Dê mais atenção a ele. Não apresse a sessão de *mentoring* e saia correndo. Demonstre interesse e preocupação pelo aprendiz.
ALTA: Talvez você tenha a tendência de sufocar o aprendiz com o excesso de ajuda. Lembre-se: ajuda demais ou de menos pode ser um problema. Recue um pouco e dê ao aprendiz uma oportunidade maravilhosa: a chance de fracassar e, assim, aprender.

Dominância

BAIXA: Talvez você faça com que o aprendiz se sinta traído. Quando ele não recebe nenhuma orientação, sente-se só e ansioso – sobretudo no início do relacionamento. Dê espaço à autodidática, mas não renuncie. Fique ao lado do aprendiz até chegar à conclusão de que suas asas são fortes o suficiente para ele voar sozinho.
ALTA: Talvez você tenha propensão a resgatar. Lembre-se de que o crescimento vem por meio da descoberta e do *insight*. O excesso de controle pode privar o aprendiz da oportunidade de vivenciá-los sozinho. Solte as rédeas e dê ao aprendiz um pouco mais de liberdade.

Receptividade

BAIXA: Você pode fazer com que o aprendiz se sinta ansioso, principalmente no início do relacionamento. Comportamento reservado gera comportamento reservado. Lembre-se: sua timidez, cautela e reserva apenas aumentarão sentimentos semelhantes no aprendiz. Corra riscos interpessoais, relaxe e comunique seus sentimentos. Isso ajudará a quebrar o gelo e a relaxar o aprendiz.

continua...

ALTA: Quando você é receptivo demais e em pouco tempo, pode fazer com que o aprendiz fique apreensivo. Você define um padrão que os discípulos podem achar que não conseguem ou não estão dispostos a copiar e atingir. Receptividade e vulnerabilidade são atributos positivos em um relacionamento de *mentoring*. Contudo, o excesso em pouco tempo pode ser sufocante.

"O silêncio no momento oportuno tem mais eloqüência do que as palavras."

– M. T. Tupper

CAPÍTULO 18

Era uma Vez

A DOAÇÃO DE RELATOS DE HISTÓRIAS

"As pessoas são diferentes, filho. Nem todas vêem as coisas da mesma maneira." Essa foi a primeira frase que meu pai disse na tentativa de me ajudar a superar o desafio de aprender sobre relacionamentos. Prosseguiu: "Lembro-me da história em quadrinhos 'Mutt e Jeff'." Era uma das favoritas de meu pai. No final dos anos 50, era uma das preferidas de todos.

"Mutt e Jeff estavam jogando golfe e se divertindo muito", contou-me papai. "Ao se aproximarem da nona posição, Mutt disse a Jeff: 'Sabe, Jeff, se todos pensassem como eu, iriam querer minha mulher'." Para Jeff, aquele pareceu o momento perfeito para trazer o amigo lunático de volta à realidade: "Não sei não, Mutt", disse Jeff. "Se todos pensassem como eu, ninguém iria querer sua mulher." Ambos deram uma boa gargalhada! Subitamente adquiri uma nova visão sobre relacionamentos. A história antiquada ajudou-me a compreender como era importante tentar ver as coisas do ponto de vista alheio.

NARRAÇÃO DE HISTÓRIAS PARA INICIANTES

As pessoas adoram histórias. Adoram contá-las e ouvi-las. Uma boa história faz valer a pena acender uma fogueira de acampamento, ir a um coquetel e realizar uma reunião. Uma história pode arrancar lágrimas e risos, pode tocar algo conhecido em cada um de nós e, além do mais, mostrar-nos algo novo sobre nossa vida, nosso mundo, nós mesmos.

Histórias também podem ser poderosas ferramentas de *mentoring*; podem atingir aprendizes resistentes de uma maneira que conselhos bem elaborados não conseguiriam. Ao contrário do *feedback* ou de conselhos diretos, as histórias têm a capacidade de enganar a lógica mental e prender a imaginação. Assim, são excelentes presentes quando doados com cuidado, conteúdo e cautela.

A maioria das histórias é elaborada ou escolhida. As elaboradas "partem do zero"; as escolhidas, como a de Mutt e Jeff contada por meu pai, são "reelaboradas" – ou seja, adaptadas para servir ao mentor, ao aprendiz e ao objetivo da aprendizagem. O objetivo é fundamental. Histórias sem propósito obviamente não possuem relevância, mas também não costumam ter charme.

De qualquer forma, se o mentor resolver elaborar ou reelaborar uma história, várias etapas fundamentais estarão envolvidas. A primeira é esclarecer o objetivo da história. Eis uma lista de perguntas para fazer a si mesmo:

- Que pontos fundamentais do aprendizado espero transmitir com a história?
- Ao usar uma história, estou perdendo tempo com fantasias irrelevantes? O objetivo será mais bem transmitido por analogia?
- Há a probabilidade de o meu aprendiz valorizar o objetivo se for transmitido por uma história? Ou ele provavelmente é muito objetivo e considera as histórias "muito barulho por nada"?
- Como transmitir a história de forma que tenha vida e atinja o objetivo?

A maioria dos mentores pode aprender a contar histórias bem, mas alguns acham a narração de histórias tão complexa que preferem usar outras abordagens. Se você decidir incorporar uma história aos diálogos de *mentoring*, talvez seja útil estruturar a história em torno dos seguintes elementos: contexto, desafio e clímax.

O Contexto: Pinte o Pano de Fundo

O contexto da história define o ambiente ou a cena. É a parte do "era uma vez", que convida o aprendiz a participar da história. De certa forma, o contexto permite que o aprendiz se torne testemunha das visões do narrador.

Uma história deve começar com uma transição que use palavras ou sugestões – por exemplo, uma pausa longa – para sinalizar seu início. Os ouvintes não devem se questionar por que você está lhes contando aquilo e não devem se perguntar: "O que isso tem a ver com a situação?". Meu pai prefaciou sua história instrutiva sobre relacionamentos com: "As pessoas são diferentes, filho. Nem todas vêem as coisas da mesma maneira. Lembro-me da história em quadrinhos 'Mutt e Jeff'".

Depois da transição, é importante criar um contexto realista. Freqüentemente, uma história leva mais tempo para ser contada do que para acontecer. Por isso, você deve se permitir tempo suficiente para definir o contexto. A história de meu pai tinha um contexto que transmitia o tom da história: "Mutt e Jeff estavam jogando golfe e se divertindo muito. De repente, Mutt disse a Jeff: 'Sabe, Jeff, se todos pensassem como eu, todos iriam querer minha mulher'".

Mesmo histórias bem narradas costumam violar as regras gramaticais. Geralmente se alternam entre o tempo verbal passado e o presente. O passado conta o que aconteceu; o presente é encenado.

Ao criar o contexto de sua história, faça a si mesmo as seguintes perguntas:

- O que quero que o aprendiz sinta?
- Como posso desenvolver um senso de aventura, mistério, suspense, alegria ou solicitação?
- O aprendiz conseguirá visualizar a cena que tenho em mente?
- O aprendiz será capaz de se identificar ou se relacionar com a história e o contexto que planejei?

O Desafio: Crie a Tensão Adequada

Uma boa história deve conter um desafio, que também pode ser descrito como "dissonância". Para transmitir dissonância, é importante criar um dilema com o qual o aprendiz possa se identificar. Até mesmo a história curta de meu pai tinha um pouquinho de tensão quando ele disse: "Para Jeff, aquele pareceu ser o momento perfeito para trazer o amigo lunático de volta à realidade".

Depois de criado o dilema, você deve descrever, no plano de sua história, o desafio para cada um dos personagens principais, usando uma frase – por exemplo, "O desafio de John é tal; o de Sue é tal". Isso pode ajudá-lo a manter as coisas em ordem ou a "administrar" a história.

As seguintes perguntas podem ajudar na criação de dissonância:

- O que quero que o aprendiz sinta?
- Como posso desenvolver um senso de preocupação, conflito ou suspense?
- O aprendiz será capaz de visualizar o(s) desafio(s) da mesma maneira que eu?
- O dilema criará dissonância suficiente para que o aprendiz deseje uma resolução?

O Clímax: *Insight* por Meio de Resolução

O clímax da história é, basicamente, uma conclusão com uma lição. Obviamente, a lição é quase sempre mais longa do que a conclusão típica de uma piada.

O clímax é mais do que apenas um final. É uma resolução que pode ser usada como ferramenta para ajudar o ouvinte a aprender. O narrador de histórias instrui por meio de uma resolução, e o aprendiz permite que sua necessidade de resolução conduza ao aprendizado. O clímax precisa, obviamente, se encaixar no desafio e também conduzir o aprendiz em novas e inesperadas direções.

Se uma história fosse mapeada, o clímax residiria do outro lado das lacunas criadas pelo desafio. Se o ouvinte passa por cima das lacunas, eliminando a dissonância, ele tem *insights* e aprende. Mas o clímax precisa ser realmente convidativo, realista e relevante. Se o clímax ou resolução for muito rotineiro ou absurdo, não há *insights*. O aprendiz tem de ser capaz de se relacionar e se identificar com o final da história.

Ao criar o clímax, faça a si mesmo as seguintes perguntas:

- O final da história resultará em aprendizado e atingirá uma meta de *mentoring*? Uma história é a melhor maneira de conseguir isso com o aprendiz?
- O final será surpreendente, divertido, desafiador ou assombroso?
- O aprendiz verá o final como realista e relevante?
- O aprendiz será capaz de visualizar diversos finais possíveis antes de o clímax ser revelado?
- O aprendiz conseguirá ter *insights* e desenvolver novas atitudes, compreensão ou aptidões a partir da resolução?

Ao final da história, o aprendiz deve dizer: "Eu não teria pensado nisso" ou "Não esperava por isso". Além disso, ele deve sentir, ao refletir, que a história faz muito sentido.

DANDO A ÊNFASE CERTA À HISTÓRIA

Até mesmo uma história bem elaborada talvez não consiga atingir seus objetivos se não for bem contada. Eis algumas técnicas e dicas para a narração eficaz de histórias.

Dramatize. Não tenha medo de exagerar um pouquinho. Lembre-se: você está tentando pintar um quadro. Ao falar, concentre-se na cena em sua mente e tente se tornar parte dela. Reviva a história ao contá-la.

Descreva. Use muitos detalhes no início da história e depois reduza-os. Os ouvintes precisam ouvir mais detalhes enquanto você cria o contexto. Uma boa regra prática é começar usando mais detalhes do que você acha que a história precisa. Seu objetivo é atrair o ouvinte para a cena. Depois que você define o contexto e passa ao desafio e ao clímax, menos detalhes são necessários.

Alterne. Ao narrar a história, você às vezes age como guia. Outras vezes faz parte da ação. Ou seja, você entra e sai da cena. Essas funções duplas tornam aceitável que o narrador de histórias alterne entre o tempo verbal passado e o presente.

Faça pausas. Saber o momento oportuno é fundamental para uma boa narração de histórias. As chamadas "pausas criativas" podem atrair o aprendiz e permear a história de drama e suspense. Se você não tem o costume de contar histórias, pratique gravando-a e depois preste atenção nos lugares onde as pausas podem fomentar o interesse. Depois narre a história em ritmo lento, mas não muito.

Faça gestos. Use diversos gestos, expressões faciais e movimentos corporais dramáticos. Essas técnicas podem ajudar a transformar uma história escrita em uma demonstração estimulante.

Mantenha o foco. O aviso proverbial de "se manter fiel à história" é positivo. O narrador que se desvia do assunto perde o ritmo e acaba frustrando os ouvintes. Não apresente questões secundárias, nem palavras ou conceitos novos. E não faça perguntas durante a história. Perguntas podem ser ferramentas eficazes de aprendizagem, mas costumam interromper o fluxo da narrativa.

Mantenha-se positivo. Até mesmo as histórias tristes devem possuir um elemento alegre. Evite o sarcasmo e a sátira. Se a história for muito sarcástica, os aprendizes costumam resistir. O mesmo é válido para o exagero. A maioria dos narradores de histórias têm propensão a rebuscar as histórias e adaptá-las para atenderem a suas necessidades e objetivos. Isso é normal, mas o excesso de licença poética pode, na verdade, abalar a autenticidade e o realismo que tornam uma história poderosa. Se o aprendiz não acreditar em sua história, provavelmente também não acreditará nos pontos de aprendizagem.

Histórias se encaixam em quase toda parte. Como introdução, uma história pode anunciar e organizar os pontos principais da aprendizagem a seguir. Como conclusão, ela pode reiterar os conceitos, idéias e princípios essenciais da sessão de *mentoring*. Histórias podem agir como períodos de descanso, proporcionar pausas bem-vindas quando os tópicos são complexos ou abstratos e aliviar diálogos emocionalmente carregados.

Histórias podem engajar emocionalmente a aprendizagem e mostrar aos aprendizes as conseqüências de tomar ou não determinadas ações. Mas não basta simplesmente "inventar uma história". Assim como a maioria dos empreendimentos valiosos, a narração eficaz de histórias exige um planejamento minucioso.

"Cante como se não precisasse do dinheiro.
Ame como se jamais fosse se magoar.
Dance como se ninguém o observasse.
Aja com o coração se quiser que suas ações funcionem."

– Susanna Clark

CAPÍTULO 19

Conexões Passionais

A MAIOR DOAÇÃO DO MENTOR

Larry Smith perdeu a cabeça! E o fato aconteceu – entre todos os lugares possíveis – exatamente na grande reunião executiva trimestral. Ele extrapolou todos os limites em seu apelo exaltado sobre determinada questão referente a um cliente. Não, ele não estava com raiva – mas foi veemente. E embora fizesse alguns gestos de causar inveja a qualquer aspirante ao teatro, não bateu na mesa. Mas o que Larry fez, em sua paixão descontrolada, obviamente atravessou todos os limites normais da racionalidade e decoro rotineiro da sala da diretoria – e conquistou o coração e o envolvimento de cada participante da reunião. Todos ficaram realmente comovidos. As pessoas podem ser instruídas pela razão, mas são inspiradas pela paixão. E isso fez a diferença. Coisas aconteceram!

Larry Smith era o vice-presidente de gestão de serviços da PKS Information Services, em Omaha, Nebraska. O cenário era uma reunião usual na PKS, em que a racionalidade é rotineiramente relegada ao segundo plano, e as pessoas, sobretudo os executivos seniores, são incentivadas a fazer contatos passionais com outrem sobre qualquer questão, principalmente as relacionadas aos clientes. A PKS é uma das vencedoras no negócio de terceirização de serviços de informação. Assim como falaram de Davi na terra de Golias depois que as pedras foram atiradas, sem dúvida a PKS sempre é assunto de conversas ao lado do bebedouro na EDS, na IBM e em outras grandes concorrentes. E por um bom motivo: os caras da PKS são os melhores no que fazem.

O incidente de "Larry perder a cabeça" na PKS levou-me a refletir sobre o verdadeiro significado contemporâneo de *mentoring* e liderança. Pensei em quanta cultura corporativa tradicional é investida em controle, em coerência e para que ninguém perca a cabeça. E pensei como aqueles valores tinham tão pouco a ver com o fervor, o ânimo e a paixão com os quais as pessoas que amam seu trabalho alcançam o sucesso.

As pessoas não se gabam sobre seus casamentos racionais, passatempos razoáveis ou férias sensatas. O comportamento controlado não aparece quando Júnior se aproxima da terceira base. Até mesmo pescadores taciturnos têm algo a dizer quando sentem um puxão na linha e o caniço se curva duas vezes mais. Mas, de alguma forma, todo aquele ardor se torna uma aberração constrangedora e indesejada dentro dos muros corporativos. E quanto mais nos aproximamos do topo, menos tolerância encontramos para os sons do coração.

Além disso, pensei como foi libertador para todos naquela sala quando Larry perdeu a compostura. Ficamos constrangidos? Sim! Ficamos nos perguntando que rumo aquilo tomaria? Sim! Mas todos nos sentimos momentaneamente em contato com a vida real. Fez-me lembrar do poema sobre a mariposa fatalmente atraída pela chama, mas "sentindo-se mais viva naquele momento final do que em toda a sua vida". Shelby Latcherie, interpretada por Julia Roberts no filme *Flores de Aço*, ecoou este sentimento quando, grávida e ansiosa para dar à luz, mas enfrentando complicações potencialmente fatais resultantes do diabete, escolheu "trinta minutos de maravilhas" em vez de uma vida inteira de "nada especial".

Grandes mentores nem sempre são racionais; quase sempre buscam a chama. Optam pelo parto passional diante de circunstâncias ameaçadoras. A biografia de quase todo grande líder que já enfrentou o potencial de dano físico em nome de uma causa transmite um tema coerente: o motivo de estarmos lá ressoava tão forte em meus ouvidos que, na verdade, nunca ouvi o que poderia acontecer porque estávamos lá. Esses líderes colocam questões como segurança e controle pessoais em compasso de espera emocional e deixam a paixão imperar. Conhecemos Larry; ele não é irracional e ilógico. Porém, de alguma forma confiamos em sua paixão tanto quanto em sua razão – talvez mais.

A PAIXÃO É HONESTA

A paixão é mais honesta que a razão. Sem dúvida, a lógica é mais elegante, sensata e prudente. Além disso, as pessoas se sentem muito mais seguras e calmas com o racional; a previsibilidade nunca faz o coração disparar. A paixão nos deixa na expectativa de um resultado imprevisível e excitante. Além disso, nos faz sentir livres, vivos e, de certa forma, reais e inteiros. E quando líderes evocam esse sentimento em nós, parece que ficamos mais energizados, mais como um soldado pronto para a batalha.

Quando eu era comandante da unidade de infantaria no Vietnã, jovens iam às batalhas diariamente sem nenhum conhecimento das complexas ramificações sociopolíticas da guerra. Porém, aqueles homens estavam prontos para morrer. Por quê? Pelo dever, pela honra e pelo país. Alguma causa pode ser mais ilógica e abstrata? Qual o sentido de atacar um atirador entrincheirado que provavelmente o acrescentará à sua contagem de corpos? Por dever? Qual a lógica por trás de sangrar até morrer em um arrozal longe de Cincinnati, Cheyenne ou Charlotte? Honra? O que deu aos GIs de Alamo, Hoxie e Sterling a estrela de prata e a distinta cruz de serviço? Foi a paixão, não a razão. A ação foi incitada pelo espírito do momento, não pela lógica da geopolítica.

Pelo que você morreria no trabalho?

– Morrer? – você pergunta. – Ficou maluco?

Analise: o bem-estar na empresa não é tão importante para nossa sobrevivência global quanto o orgulho nacional?

– Uau! – você talvez diga. – Não podemos sobreviver ao caos da emoção desenfreada e à confusão do desejo descontrolado. O que os acionistas diriam? Afinal de contas, não é função de nossos líderes demonstrar calma sob pressão, manter a compostura quando todos à volta parecem estar perdendo a deles? Os líderes não devem se esforçar para ser mais uma âncora do que uma vela? Mais um leme do que um remo?

Não! E não!

Cometemos um erro quanto ao que significa ser um líder e mentor. O mundo, a organização e a situação oferecem muito mais previsibilidade do que é necessário. Os líderes não têm de acrescentar ordem, sanidade, racionalidade ou lógica. A vida empresarial está a ponto de explodir com essas qualidades. Ao contrário, um líder realmente sensato, que tem de enfrentar a tarefa desanimadora de incitar os soldados à ação, alimenta a paixão insana. Um líder memorável exige que cada um de nós faça uma visita à fronteira esfarrapada do brilhantismo e à esquina remota da genialidade.

Quando nos sentimos inspirados, inflamados, enobrecidos, visitamos o reino mágico da paixão. Geralmente retornamos de lá renovados, revitalizados – e talvez um pouco atrapalhados com a descoberta de nossos talentos desconhecidos. E quando um líder ajuda a nos mostrar o caminho para aquele reino, retornamos com uma nova percepção da parceria.

A PAIXÃO É ATRAENTE

"Há um campo de energia entre os seres humanos", escreveu o filósofo Rollo May, autor de *Love and Will*, "e quando uma pessoa age por paixão, geralmente recebe paixão como resposta." Conexões passionais incitam respostas passionais – e liderança e *mentoring* têm, basicamente, tudo a ver com incitar.

Peça a vinte pessoas que citem o maior líder de todos os tempos. Certamente, a lista incluirá um ou dois generais, mas terá mais líderes que agitaram seus seguidores com fogo do que com a razão. Os nomes John Kennedy, Winston Churchill, Martin Luther King, Jr., Madre Teresa de Calcutá e Albert Schweitzer são mais ligados à paixão do que à razão; ainda há Bruce Nordstrom, Herb Kelleher da Southwest Airlines e o falecido Sam Walton. O convite do grande líder à ação é sua própria paixão.

Em seu poderoso livro *Leading Change*, James O'Toole encontra um exemplo forte de paixão em seu estudo de um moderno profeta industrial americano. Por que os conceitos de qualidade de Edwards Deming demoraram tanto para serem adotados em seu próprio país? Será que foi a arrogância ianque? Por que os japoneses adotaram Deming e suas opiniões logo no início, reverenciando-o quase como um deus, enquanto seu país o tratava como um lunático?

Deming fez uma conexão passional com o povo japonês. O'Toole cita o diretor da Japanese Union of Scientists and Engineers[1]: "[Deming] amou o Japão e os japoneses do fundo do coração. O entusiasmo com que deu o melhor de si nos cursos ainda vive, e viverá para sempre, na memória de todos os envolvidos... Demonstrava seu amor profundo e seu grande senso de humanidade em todas as atividades educacionais". Ao retornar aos Estados Unidos, expressou não amor, mas desdém, por aqueles que antes evitavam suas idéias. Nenhum japonês jamais descreveu Deming como intratável ou difícil de conviver – porém, a maioria dos executivos americanos consideravam a atitude de Deming em relação a eles ríspida, inflexível e às vezes insensível. O'Toole lança a hipótese de que os próprios demônios de Deming possam ter sido o maior obstáculo para que seus brilhantes conceitos de qualidade fossem aceitos em seu país.

Certa noite, um de meus sócios, Ron Zemke, e eu nos hospedamos em um hotel no centro de Nova York. Aproximei-me do recepcionista com um sorriso largo e uma disposição jovial. Lembrando-me do que minha falecida sogra dizia – "Um estranho é um amigo que você ainda não conheceu" –, joguei conversa fora com ele durante vinte segundos, chamando-o pelo nome que vi no uniforme. Meu sócio estava no fim de um resfriado terrível e acabara de sair de um vôo de oito horas de duração. Ele estava, usando termos diplomáticos, com um estado de espírito bastante sombrio e tinha muito pouco a dizer ao recepcionista no balcão.

Nosso plano era irmos cada um para o seu quarto, deixar ali a bagagem e nos reunirmos em meu quarto antes do jantar. E foi o que fizemos. Ron deixou a bagagem no quarto e depois atravessou o corredor para a minha... suíte!

– Como conseguiu uma suíte? – perguntou, bastante irritado.

– Meu sotaque sulino! – respondi.

A verdade obviamente estava no fato de que eu reservara algum tempo – vinte segundos – para fazer uma conexão com o recepcionista. E que diferença isso fez: 7 metros quadrados, diria Ron, perplexo. Mas a história não termina aqui. Quando voltamos do jantar, minha luz de mensagens estava acesa: o recepcionista ligara para saber se o quarto estava satisfatório. A luz de mensagens de Ron estava apagada. A paixão é atraente.

1 Sindicato Japonês de Cientistas e Engenheiros. (N. da T.)

PAIXÃO É UM *DASHBOARD SPECIAL*

Quando era adolescente, um de meus colegas de escola, Charles Holland, trabalhava em meio período no Tastee Treat, o local para onde todos iam depois da escola, depois do cinema e depois do jogo. Charles inventou uma bebida chamada *Dashboard Special*. A base era "co-cola" (como chamávamos a Coca-Cola®, na época), à qual acrescentava uma dose de cada sabor disponível – chocolate, caramelo, baunilha, cereja, tudo. O sabor não era muito agradável, mas se tornou o símbolo local de ousadia e coragem. Quando alguém se sentia "poderoso", pedia: "Um Dashboard Special, por favor". Não era uma atitude máscula, mas um ato corajoso, do tipo "quero experimentar" – uma opção passional.

Seja qual for o nome que você dá à forma que ela assume em sua parceria de *mentoring* – compromisso, coragem, qualquer coisa –, a paixão é mágica! W. H. Murray, em seu livro *The Scottish Himalayan Expedition*, escreveu: "Até que a pessoa resolva se comprometer, há hesitação, a chance de recuar, sempre ineficácia. No momento em que ela se compromete definitivamente, a Providência também age. Ocorrem diversas coisas para ajudar; coisas que, de outra maneira, jamais ocorreriam". Goethe chamou-a de "ousadia" e disse: "O que quer que você possa fazer, ou sonhar que pode, começa com a ousadia. A ousadia tem genialidade, poder e mágica". E o filósofo Hegel escreveu: "Podemos afirmar com toda certeza que, sem paixão, não se consegue nada grandioso no mundo". A paixão elimina o tédio dos encontros. É um *Dashboard Special* para os relacionamentos.

Os aprendizes, como todos os parceiros, precisam de conexões passionais. Líderes que agem com o coração despertam a ousadia nos outros. Constroem um relacionamento que coloca todos em um nível mais elevado. Nunca mais chamaram o general confederado Thomas J. Jackson de "Tom" depois que o viram dirigindo, com calma, as defesas no campo de batalha de Bull Run e disseram: "Lá está o general Jackson, como um muro de pedra". Suas tropas passaram a ser conhecidas pela mesma paixão veemente e persistente no combate. E quem pode esquecer o mesmo fenômeno entre os líderes Martin, Mahatma e Susan B.? A razão instrui, mas a paixão inspira.

Por que você está aqui neste planeta, nesta função, neste momento? Que diferença a sua presença fará? Que legado você deixará? Será esquecido pelo que manteve ou lembrado por suas contribuições? Os líderes que transcendem o racionalismo e a prudência, deixando seu espírito se elevar de seu interior, escalam montanhas imponentes, iniciam movimentos de mudança cultural e fazem milagres inovadores. Peça um *Dashboard Special* para Larry Smith – e para você também!

"Uma pessoa com paixão é melhor do que quarenta com um mero interesse."

– E. M. Forster

CAPÍTULO 20

Para o Aprendiz

ACEITE AS DOAÇÕES SEM CULPA

Quando deixamos a última sessão "Para o aprendiz", Sage dizia:

– *Deixe Dale saber que você está ansioso para entrar na parte essencial da sessão de* mentoring. *Dale precisa de seu sinal agora.*

– Dale, estou muito entusiasmado em relação ao andamento desta sessão. Gostaria de apresentar um problema que estou tendo e ouvir sua opinião sobre como posso lidar com ele.

Dale parece satisfeito com seu entusiasmo em prosseguir. Vocês dois investigam várias maneiras de abordar o problema existente. Em determinado momento, Dale lhe dá um *feedback* direto, em outro, um conselho útil e, depois, quando a conversa se aproxima do fim, conta uma história pungente sobre o empenho dele em uma situação semelhante à sua, na qual ele acabou solucionando o problema de uma maneira que seria dificílima para você tentar.

De repente, você se sente incomodado, como se não fizesse parte daquela conversa. Você se vê desejando concordar com Dale... embora não esteja totalmente de acordo.

– *Sentindo-se culpado, não é?* – sussurra Sage em seu ouvido quando você menos espera. Ao menos é a confirmação de que seus ouvidos estão funcionando. Você estava começando a se perguntar se aquele tinido era permanente.

– *O que Dale está fazendo por você é tão benéfico para ele quanto para você. Ajeite-se na cadeira, encare-o e mostre sua gratidão. Vocês dois merecem este momento. Não há dívida a ser paga aqui. Apenas benefícios livres para seu uso.*

– Obrigado, Dale. Preciso pensar mais um pouco. Você me deu muitas informações para digerir.

Dale absorve seu comentário e continua a oferecer mais algumas sugestões. Contudo, desta vez suas orientações são entremeadas de perguntas... como se estivesse investigando um campo minado, usando suas reações às perguntas como direção para saber onde pisar em seguida.

Você começa a achar que cuidadosamente levou a conversa de um monólogo, com você como único espectador, para um diálogo com um parceiro valioso.

Parte V

Expandir

DESENVOLVA UM AUTODIDATA

Expandir

DESENVOLVA UM AUTODIDATA

Conversar é como cortar carne!
Não dê a cada convidado mais do
Que ele pode digerir.
Dê-lhe sempre o melhor,
Mas apenas um pouquinho de cada vez.
Sirva a todos, mas apenas o suficiente;
Não os deixe passar fome nem comer demais.
E como você também merece sua parte,
Deixe que seu vizinho o sirva.

– Jonathan Swift, "Conversation"

Há limites para o diálogo. Até agora, este livro supôs que todo *mentoring* ocorre em uma conversa de alta qualidade entre o mentor e o aprendiz. Embora seja verdade que o processo de *mentoring* é, em grande parte, uma conversa, seria limitante e pouco perspicaz supor que o diálogo é o único caminho para a descoberta e o *insight*.

Na verdade, o diálogo pode ser sedutor e o relacionamento, co-dependente. Com o tempo, mentor e aprendiz passam a se sentir muito à vontade um com o outro. O mentor encontra satisfação pessoal em observar o aprendizado; isto leva a mais conversas, mais reuniões. O aprendiz também encontra prazer na sabedoria do mentor e no espírito da consultoria. Embora sentir-se à vontade seja obviamente útil para a comunicação, pode ser um obstáculo à experimentação. Tanto o mentor quanto o aprendiz anseiam pela próxima reunião, finalmente se tornando tão dependentes do relacionamento que nenhum deles quer correr o risco de perdê-lo.

Embora "co-dependente" possa parecer um termo muito forte, até mesmo um pequeno grau de dependência pode estragar o espírito de crescimento. O termômetro é o desconforto emocional que cada um vivenciaria se o relacionamento terminasse. Se a necessidade de cada um terminar o relacionamento for marcada por culpa ou resistência, provavelmente uma certa co-dependência infiltrou-se ali.

Uma maneira eficaz de evitar a co-dependência é expandir a aprendizagem além do diálogo. À medida que novas formas de aprendizagem ficam disponíveis, o aprendiz descobre novos caminhos para a auto-suficiência. A expansão máxima deixa o mentor completamente fora da equação, permitindo ao aprendiz encontrar seu próprio caminho para a competência – e independência.

O erro sistemático da maioria dos mentores é estreitar, e não ampliar, é desenvolver lealdade em vez de liberdade. Conseqüentemente, essa competência essencial (*core competence*) final é bastante contra-intuitiva, bem parecida com ceder, aceitar e doar. Contudo, por mais desconfortável que seja, a maior contribuição que você pode dar ao desenvolvimento do aprendiz é deixar o relacionamento chegar a um ponto em que você não é mais necessário. Esta contribuição começa com a expansão.

CAPÍTULO 21

Além do Relacionamento

ASSEGURE A TRANSFERÊNCIA DO APRENDIZADO

Há muitas vantagens em crescer em uma fazenda. Aprende-se muito sobre como a natureza realmente funciona. Em vez de observar o leite derramar de uma caixa, assiste-se à ordenha de uma vaca.

Na fazenda, o leite chega ao copo pelo caminho mais longo. Ele é o produto de um saco de ração usado como suborno, apertos especiais em um ubre relutante, inúmeros recomeços depois de um coice no balde cheio ou do rabo que, na tentativa de espantar uma mosca, acaba mergulhado no balde, filtragem lenta com o pano para queijos, além de desnatação e resfriamento cuidadosos. Nem todas as gravuras em qualquer livro urbano e sofisticado poderiam contar adequadamente a história da produção de leite como a passagem por um banquinho de três pernas em um estábulo malcheiroso com uma vaca impaciente.

Mentoring pode ser uma experiência estimulante, mas ineficaz se os mentores falarem como se fossem um livro-texto e não conseguirem proporcionar a passagem pelo banquinho. *Mentoring* não termina com conselhos, *feedback* e instruções. Seu objetivo não é simplesmente aprender, mas sim promover melhoria... melhor desempenho, maior produtividade, melhor eficácia. Obviamente, há mérito em aprender por aprender. Mas no mundo atual dos negócios, com margens pequenas, deve-se aprender em nome dos resultados. Mentores não contam com o luxo de ajudar aprendizes a aumentarem seus conhecimentos, mas não o uso desses conhecimentos.

A transferência de aprendizagem é o desafio de todos os facilitadores de aprendizagem – sejam eles instrutores, professores, treinadores ou mentores. O argumento freqüentemente apresentado é: "Quando não forem mais meus aprendizes, dependerá deles colocá-la em uso". Esse argumento é geralmente pontuado com antigos ditados populares sobre conduzir cavalos até a água. Contudo, grandes mentores sabem que o experimento não termina antes de o aprendiz tê-lo testado no laboratório da vida. E existe todo o tipo de ação para ajudar a assegurar que o que foi aprendido no relacionamento realmente "ficará".

AJUDE

Peter Senge escreveu, em *A Quinta Disciplina*: "Quando percebemos que, para aprender, precisamos estar dispostos a parecer tolos, a deixar que outro nos ensine, a aprendizagem nem sempre parece boa... apenas com o apoio e o companheirismo do próximo podemos enfrentar os perigos de aprender coisas significativas". A palavra-chave é companheirismo – uma palavra que combina a constituição de uma parceria com o calor da camaradagem.

Procure maneiras de "estar presente" quando o aprendiz tiver sua "noite de estréia". Lembre-se de que o ensaio é sempre muito diferente da realidade da verdadeira apresentação. Ter ousadia dentro da segurança enclausurada de um relacionamento de *mentoring* é bem diferente de ter coragem na escola da vida. Quando o aprendiz for designado para empreender sua primeira tentativa de "vôo solo", envie-lhe uma mensagem de apoio e afirmação. Telefone depois para saber o resultado. Independentemente do sucesso ou fracasso da primeira vez, seja solidário. Ofereça ajuda; não o ajude automaticamente. O aprendiz precisa se sentir independente, não sobrecarregado com a presença de uma supermãe.

Se você de fato puder estar presente, assuma o papel de fã e líder de torcida, não de técnico na lateral do campo. Deixe o aprendiz saber que você está ali, animado e confiante. Mas evite a posição do pai coruja que informa a todos os espectadores: "Aquele é meu filho!".

Faça uma interferência adequada para ajudar a assegurar que o aprendiz tem uma chance justa de colocar o novo aprendizado em prática. Isso pode englobar a obtenção de apoio ou permissões de terceiros que podem influenciar o desempenho do aprendiz. Um de meus primeiros mentores complementou nossas sessões fazendo com que eu freqüentasse um *workshop* de dois dias com um renomado guru na área. Mas não foi só isso. Quando voltei, entusiasmado e cheio de novas idéias, fiquei surpreso ao receber um telefonema do presidente da empresa, convidando-me para almoçar e discutir como eu poderia implementar o que aprendera. Seu interesse deu-me coragem para vencer a resistência inicial de meus colegas. Anos depois, fiquei sabendo que meu mentor sugerira ao presidente que desse crédito aos meus novos conhecimentos.

Esteja Atento aos Obstáculos à Aprendizagem

O consultor Geary Rummler diz: "Se pegarmos funcionários bem treinados e altamente motivados e colocá-los em um sistema ruim, o sistema sempre vencerá". Os resultados eficazes da aprendizagem podem se transformar em resultados ineficazes de desempenho se o aprendiz entrar em um sistema, processo ou unidade que pune – ou simplesmente não incentiva – as aptidões recém-adquiridas. Uma parte crucial de sua função é estar sempre atento aos obstáculos que prejudicam o aprendizado adquirido por meio de *mentoring*.

Pense no aprendizado como uma árvore recém-plantada. Com o tempo, ela terá raízes profundas e grande resistência ao vento, a pragas e a temperaturas extremas. Mas, como árvore nova, é especialmente vulnerável. Precisa de apoio, proteção e cuidado meticuloso até poder se defender. É assim com o aprendiz. Como iniciante, as novas aptidões ainda são fracas e instáveis. Defender o novo comportamento contra as pressões externas para retomar o antigo caminho é um desafio. Os aprendizes precisam que os mentores os ajudem em seu esforço para sustentar as novas aptidões.

Há vários anos, prestei consultoria a uma grande empresa *high-tech* que estava disposta a transformar o serviço ao consumidor em seu carro-chefe. O CEO decidiu que todos na linha de frente receberiam um mentor, com o qual se reuniriam semanalmente, durante uma hora, para conversar sobre os desafios do atendimento ao cliente. Os gerentes receberam treinamento em *mentoring*, implantaram-se procedimentos para assegurar as reuniões semanais entre mentor e aprendiz, e todos ficaram felizes com os resultados iniciais. Na verdade, as pontuações do atendimento ao cliente apresentaram aumentos significativos quando funcionários da linha de frente, armados com melhores aptidões e suporte recém-adquirido, transformaram indiferença em entusiasmo.

Seis meses depois do início do projeto de *mentoring*, o CEO decidiu delegar a responsabilidade de todo o sistema a alguém em uma função de *staff*. Isso sinalizou uma queda de compromisso. Os gerentes foram pressionados para reduzir as sessões de uma hora para trinta minutos; depois, a freqüência semanal passou para mensal. Como os resultados caíram e as pontuações de satisfação do cliente também, o líder do *staff* foi pressionado para "consertar o problema". A solução foi usar uma abordagem rigorosa para o preenchimento da papelada. O entusiasmo inicial transformou-se em cinismo e ressentimento. A empresa foi vendida, o CEO substituído e o programa de *mentoring* trocado por esforços mais firmes de redução de custos. Você pode imaginar como foi o resto da história.

DEFENDA A APRENDIZAGEM INFORMAL

Ser um grande mentor inclui promover um ambiente que valoriza e desenvolve a aprendizagem. Isso significa defender a aprendizagem informal. E existem miríades de maneiras de tornar a aprendizagem uma parte natural do mundo empresarial.

Uma importante empresa de consultoria constatou que a leitura profissional entre funcionários aumentou quando a empresa instalou porta-revistas com periódicos profissionais nos toaletes. O presidente da empresa descobriu que, curiosamente, pouquíssimos periódicos eram distraidamente retirados, e que os funcionários começaram a contribuir com seus próprios exemplares de periódicos que a empresa não assinava. Comentários como "Você leu aquele artigo sobre...?" eram comuns em reuniões do *staff*, o que reforçava ainda mais o volume de aprendizagem informal por meio da leitura de periódicos.

"Aprenda como se jamais fosse capaz de entender tudo; guarde o que aprendeu como se temesse perdê-lo."

– Confúcio, século VI

Revistas, boletins e quadros de aviso da própria empresa também podem ser uma boa fonte de aprendizagem para os funcionários. Uma companhia de seguros constatou que os artigos mais procurados em sua revista eram entrevistas com executivos, gerentes e funcionários da área em que estava envolvida na ocasião. Feita com gráficos e layout inteligentes, a mídia para "todos os funcionários" pode servir como uma maneira valiosa, mas barata, de promover a aprendizagem dos funcionários. A intranet da unidade ou da empresa também atua como grande estímulo para a aprendizagem.

Outra abordagem para a aprendizagem informal é a troca de informações entre unidades. Uma grande empresa de pesquisa e desenvolvimento (P&D) empregou, com eficácia, este processo. Uma vez por mês um grupo de trabalho se reunia para o desjejum com um grupo de outra parte da empresa. Cada unidade dispunha de trinta minutos para descrever sua função e seus projetos atuais. Os outros trinta minutos eram dedicados à conversa informal entre os participantes, como em um coquetel. A empresa constatou que essa reunião mensal de uma hora e meia era uma maneira eficaz de ampliar os horizontes dos funcionários e reduzir o conflito entre as unidades. Um banco usou um esquema semelhante, mas acrescentou um passeio pelas respectivas áreas de trabalho ao processo de troca de informações entre unidades. Alocar tempo na reunião do *staff* para que os participantes falem sobre o que aprenderam em uma importante conferência ou acompanhar a finalização de um *workshop* ou de um curso indica que a aprendizagem é valorizada.

A aprendizagem que termina quando o aprendiz dá adeus ao mentor provavelmente dura apenas até ele chegar ao elevador. Dada a incerteza de um novo aprendizado, depende do mentor apresentar maneiras de ajudar a abrigá-lo, apoiá-lo e cultivá-lo até ele "pegar". Saber como eliminar barreiras e construir apoios para sustentar o discípulo até ele formar hábitos e implementar competências pode ser importantíssimo para ajudar o processo de transferência de aprendizado para o aprendiz. O mais importante é criar um clima que valorize não apenas a aprendizagem contínua, mas também o ato de correr riscos na experimentação, por parte do aprendiz, de novos conhecimentos e aptidões no ambiente de trabalho.

CAPÍTULO 22

Gerencie a Mágoa

A VIDA DEPOIS DO RELACIONAMENTO DE *MENTORING*

Relacionamentos eficazes de *mentoring* são estreitos, ricos e envolventes. Mas todos esses esquemas devem ter um fim e, por mais que tentemos evitá-lo, todo final tem uma dimensão agridoce. Como Shakespeare eloqüentemente nos lembra: "A despedida é uma tristeza muito doce". À medida que você e o aprendiz chegam ao fim da parceria, como você lida com o "até mais" com um foco em "mais"?

EM BUSCA DO CRESCIMENTO

Você teria sido negligente com seus deveres de mentor se transformasse a despedida em uma ocasião para arrependimento. Relacionamentos saudáveis de *mentoring* usam a separação como ferramenta para o crescimento. Eis algumas idéias para terminar um relacionamento de *mentoring* de forma construtiva e delicada.

Comemore com Fanfarra e Histórias

A comemoração não precisa ser uma festa com orquestra e faixas; pode ser algo tão simples quanto uma refeição especial, uma bebida depois do trabalho, uma caminhada tranqüila em um parque próximo. Contudo, o motivo da comemoração é marcar o final do relacionamento de *mentoring*. A comemoração é um rito de passagem, um símbolo poderoso de finalização e de prosseguir para o próximo nível de aprendizagem.

Em um *workshop* que realizei para um famoso fabricante de software da costa oeste, um gerente mencionou que obtinha relatórios de outros gerentes dizendo que os supervisores que tinham sido transferidos de seu departamento pareciam demorar mais do que o comum para se adaptarem às novas funções de supervisão. Aquelas informações começavam a prejudicar sua reputação na empresa como fornecedor de talentos competentes. Pedi-lhe que recontasse, do fim para o começo, os eventos desde sua supervisão até as novas funções. Logo ficou claro que os relacionamentos dos supervisores com ele nunca tiveram um fim formal – simplesmente pararam. Posteriormente, quando ele começou a incluir um ritual de encerramento comemorativo no último dia sob sua supervisão, os problemas de adaptação desapareceram.

A comemoração deve ser rica em elogios e histórias, risos e alegria. Seu aprendiz, agora graduado, precisa mais de sua bênção do que de seu brilhantismo; mais de seus votos para um futuro brilhante do que de seus alertas. Evite a tentação de dar um último aviso. Sua melhor contribuição será uma despedida sincera com demonstrações de confiança, compaixão e consideração.

Solidifique o Aprendizado com Nostalgia

Quando deixei o Bank of America (na época NCNB), em 1979, para criar uma empresa de consultoria administrativa, Chuck Cooley, meu chefe e mentor há oito anos, convidou-me para um desjejum em um local próximo que usamos muitas vezes para nossas reuniões de *mentoring*. Fez-me duas perguntas, ambas importantes para nossa despedida e meu crescimento: "Quem eu recomendaria como meu sucessor e por quê?" e "Quais foram as principais lições que eu aprendera naqueles oito anos?". A segunda pergunta foi sua maneira delicada de me levar a refletir sobre meu desenvolvimento: de inexperiente assistente de diretor de treinamento a diretor experiente de desenvolvimento administrativo e organizacional. Sem querer depender apenas de minha memória, ele sempre me interrompia com histórias do tipo "Lembra-se daquela vez em que...?". Minha despedida foi tranqüila e completa.

"Diga ao próximo aquilo que gostaria de ouvir se estivesse no lugar dele."

– Aaron Goldman

Entremeie as reuniões finais com oportunidades para lembrar, refletir e reavaliar. Deixe suas perguntas de recapitulação formarem uma ponte para a conversa sobre o futuro; ficar apenas relembrando pode trazer melancolia para a reunião. Ouça seu aprendiz com a devoção que daria ao seu mentor. Honre seu aprendiz amadurecido com respeito e reconhecimento. Depois de minha última reunião com Chuck, senti-me mais alto do que na formatura da faculdade. Ele me homenageou ao honrar meu desenvolvimento.

Dê um Tempo Antes de Fazer um Acompanhamento

O caminho mais rápido para transmitir uma mensagem de dependência é fazer um acompanhamento do aprendiz logo depois da despedida.

Espere uma semana ou mais antes de telefonar ou fazer uma visita. Encerrar o relacionamento exige espaço e tempo. Será que deve fazer um acompanhamento? Claro! Parceiros acompanham uns aos outros. O segredo é: não com muita rapidez. Dê tempo para o desmame.

Deixe o aprendiz ser ele mesmo. Talvez haja ocasiões em que um ex-aprendiz será homenageado e você sentirá a necessidade de dividir com ele o centro das atenções. Certa vez, tive um professor que sempre queria dividir o crédito quando um dos alunos conquistava um prêmio. Embora o orgulho obviamente fizesse parte de sua reação – "Fui seu principal professor" –, a ação costumava deixar o ex-aprendiz preso à posição de "ainda sou aluno dele". Deixe-o ir. Vá em frente. Comemore o passado, mas concentre-se no futuro.

Assim como o desenvolvimento de empatia é crucial para o início de um relacionamento de *mentoring*, a sensação de suspensão é igualmente importante no final. Deixar ir quase nunca é agradável, mas é necessário se o aprendiz quiser florescer e continuar a crescer longe da sombra do mentor. Em análise final, o limite mais alto do crescimento é "crescido", implicando encerramento e clímax. Marque esse momento ao administrar a separação como expressão visível de realização e felicidade.

CAPÍTULO 23

O *Kaisen*[1] de *Mentoring*

APRENDER, APRENDER, APRENDER

Em meados dos anos 60, Bob Dylan cantava: "Quem não está ocupado nascendo, está ocupado morrendo". Sua observação ainda é relevante. No mundo empresarial de hoje, "nascer" relaciona-se ao crescimento e "morrer", à obsolescência, à redução da produtividade e ao desemprego. E hoje a palavra mais aplicável a *mentoring* é "ocupado". A aprendizagem nunca cessa.

Enquanto ajudam seus aprendizes a crescer, bons mentores trabalham no próprio crescimento. Não crescem apenas para ser modelos para os aprendizes, mas sim para aumentar seu próprio valor. Os mentores mais adeptos da autodidática em *mentoring* são os que escolhem uma ampla variedade de caminhos para a aprendizagem. Este capítulo é dedicado às necessidades autodidatas dos mentores.

DENTRO...

A famosa rima infantil do Dr. Seuss – "dentro, fora, de cabeça para baixo" – sugere um caminho em direção ao crescimento pessoal. Podemos considerar que a aprendizagem vem de três direções distintas. O crescimento dirigido começa com um exame pessoal minucioso – um olhar para dentro que inclui um exame cuidadoso de pontos fortes, limitações, oportunidades de melhoria, necessidades, esperanças e medos. Faça a si mesmo perguntas como as sugeridas por Gary Heil, Tom Parker e Rick Tate em seu livro *Leadership and the Customer Revolution*:

- Sobre qual área importante mudei de idéia no último trimestre?
- Quanto tempo faz desde a última vez em que minhas suposições sobre algo importante estavam completamente erradas?
- Quando comparo minha maneira de pensar neste ano com a do ano passado, quais as diferenças?
- O que aprendi neste trimestre que faz com que minhas ações no trimestre passado pareçam menos eficazes?

---

1 Palavra japonesa usada em administração que significa melhoria contínua. (N. da T.)

- Há alguém próximo a mim que pensa muito diferente de mim? O que aprendi com esse indivíduo?
- No último trimestre, quanto tempo passei questionando seriamente minha maneira de pensar?
- Qual foi a última aptidão que aprendi com meus associados? Deles? De meu aprendiz?
- Quanto tempo faz desde a última vez em que perdi uma discussão importante com um de meus associados?

... FORA...

Depois de dar uma olhada internamente, o próximo passo é considerar seus recursos por fora. Onde suas oportunidades de aprendizagem são provavelmente mais ricas? Mais acessíveis? De que pessoas, ferramentas, suportes e permissões você poderá precisar para a aprendizagem eficaz? Que recursos serão importantes para seu crescimento? Há recursos que você pode tomar emprestado, trocar, comprar ou simplesmente solicitar? Não deixe pedra sobre pedra.

Há uma antiga piada sobre um homem que tentou escapar de uma enchente subindo até o telhado de sua casa. O resgate chegou de barco e implorou ao homem que viesse com eles e escapasse da enchente.

– Não – disse o homem. – Tenho fé em Deus Todo-Poderoso. Ficarei bem.

"Apenas o curioso aprenderá e apenas o resoluto superará os obstáculos à aprendizagem. O quociente de investigação sempre me entusiasmou mais do que o quociente de inteligência."
– Eugene S. Wilson

Uma hora depois, outro barco veio para resgatar o homem, agora no ponto mais alto do telhado enquanto as águas continuavam a subir. Mais uma vez, ele recusou o resgate. Algum tempo depois, um helicóptero sobrevoou a casa e a tripulação tentou persuadir o homem, que agora estava sentado no topo da chaminé, a subir pela escada de corda e escapar. Novamente o homem disse:

– Não. Tenho fé em Deus Todo-Poderoso. Vá embora. Ficarei bem.

O homem se afogou. Logo chegou aos portões do Céu. Furioso, confrontou São Pedro: – Como o senhor pôde me decepcionar? Mantive minha fé em Deus Todo-Poderoso e o senhor não fez nada para me salvar!

São Pedro olhou a prancheta e respondeu, muito confuso: – Também não estou entendendo. Segundo as anotações aqui, mandamos dois barcos e um helicóptero!

... DE CABEÇA PARA BAIXO

Existem muitos recursos disponíveis para nosso crescimento. Alguns, contudo, estão bem disfarçados e exigem que olhemos em locais incomuns, virando coisas de cabeça para baixo, apertando os olhos para encontrá-los. Quais são seus pontos fortes? Que componentes desses pontos fortes apresentam desvantagens? Tenho um colega que é excelente editor. Contudo, isso o impede de redigir artigos que ele poderia e deveria redigir. "O pai crítico em minha mente parece me impedir de completar até mesmo o primeiro parágrafo", ele admite. Qual o caminho menos interessante em direção ao crescimento que você pode seguir? Que aspectos poderiam lhe ser benéficos? Que *insights* você pode obter de um *coach* pessoal? O que você poderia aprender sobre si mesmo ao atuar como mentor de uma criança que não tem parentesco com você? Você tem amigos excêntricos ou de vanguarda que possam expô-lo a novas perspectivas?

FORRE O NINHO COM NOZES

Quando podamos as árvores em nosso jardim, alguns grandes galhos de carvalho continham antigas tocas de esquilos. Cada toca que caía ao chão revelava que os esquilos, além de terem estocado nozes no chão, próximo às árvores, também guardaram muitas na toca. A aprendizagem precisa do mesmo sistema de armazenamento. Evite a armadilha "longe dos olhos, longe do coração" ao permear o mundo onde vive com oportunidades para aprender.

Há um porta-revistas no banheiro de sua casa? Há fitas em seu carro sobre um assunto importante para seu crescimento? Você visitou a biblioteca nos últimos seis meses? Há revistas que você leria com mais freqüência se as assinasse? Há sempre um livro em andamento em sua pasta ou mala? Coloque papel, lápis e uma luminária ao lado de sua cama para que as idéias que apareçam às duas da manhã não se percam ao amanhecer. Em vez de assistir televisão, dedique-se a um passatempo que possa expandir sua mente. Apague os jogos de seu *notebook*. Leia! Escreva! Pense!

COMECE UM DIÁRIO DE APRENDIZAGEM

Manter um diário provou ser uma ferramenta poderosa para o crescimento pessoal. Assim como o DayTimer® ajuda na organização e na administração de prioridades, um diário nos força delicadamente a ser disciplinados, focados e reflexivos. Como um orientador ou terapeuta, o diário nos ajuda a transformar informações em compreensão. Como um mecanismo sintetizador, ele amplia nosso aprendizado, levando-o além de aptidões previsíveis até uma conscientização mais profunda e um domínio dos conhecimentos.

Há muitas maneiras de manter um diário. Vá à papelaria e compre um caderno de capa dura. Todos os dias – de preferência à mesma hora – anote seus pensamentos sobre o que aprendeu, sua reação ao aprendizado e seus planos para usá-lo. Diários são registros para serem revistos. Uma vez por semana, releia suas anotações; todo mês, reveja as quatro semanas anteriores. Policie-se para ir fundo quando analisar e avaliar. Observe temas, padrões e tendências. Finja que está analisando o diário de um desconhecido. Que conselhos você daria? Que cuidados parecem necessários? Que sugestões?

LEIA LIVROS

Escritores recomendam livros. Surpresa, surpresa! Embora eu tenha listado alguns dos meus preferidos, repetirei uma crítica que um colega me fez no início de minha carreira: "Chip, você lê demais e não pensa o suficiente!". Ele estava certo. Parte de minha motivação para ler livros não tinha a ver com aprender, mas sim com me gabar. Enquanto lê, interrompa a leitura periodicamente e pergunte: "O que posso fazer com o que estou aprendendo? Quais são as implicações mais amplas e profundas das informações que este livro está me dando?".

Um alerta sobre minha lista: cada livro transmite algo às pessoas de diversas maneiras e em diversos momentos de suas carreiras. Qualquer que seja o livro que você escolha para determinado objetivo, leia cuidadosamente o prefácio, passe os olhos pelo sumário, leia um quarto do livro. Se não se sentir atraído, escolha outro. Se acredita que está dando ao livro uma chance de lhe ensinar, mas não está obtendo um retorno sobre o tempo investido, não perca mais nem um minuto com ele.

Minha lista de livros preferidos a seguir foi compilada com um único propósito em mente: ajudá-lo a se tornar o melhor mentor possível. Alguns dos livros são novos; outros antigos, mas valem uma releitura.

Meu livro preferido sobre *coaching* é *Coaching Knock Your Socks Off Service*, de meu sócio Ron Zemke. Outro é *Coaching for Leadership: How the World's Greatest Coaches Help Leaders Learn*, editado por Marshall Goldsmith, Laurence Lyons e Alyssa Freas.

Ainda gosto de reler *Zen and the Art of Motorcycle Maintenance*, de Robert Pirsig: muito procurado alguns anos atrás, ensinou-me muito sobre acompanhar o fluxo dos relacionamentos em vez de dirigi-los para meus próprios objetivos. *Leadership Jazz*, de Max Depree, oferece uma perspectiva clara e pragmática do líder como parceiro. Também sou fã do trabalho de John Gardner, sobretudo em *On Excellence*.

Spirited Leading and Learning, de Peter Vaill, oferece *insights* renovadores sobre o papel do espírito nos relacionamentos. *Abilene Paradox*, de Jerry Harvey, sempre me ajudou a superar certos absurdos da vida organizacional. Finalmente, gostaria de recomendar a releitura de *O Pequeno Príncipe*, de Antoine de Saint-Exupéry: esse livro infantil contém *insights* surpreendentemente profundos sobre a alma de *mentoring*.

CAPÍTULO 24

Para o Aprendiz

CRESCER SIGNIFICA ABRIR MÃO

No capítulo "Para o aprendiz" anterior, paramos em...

Dale absorve seu comentário e continua a oferecer mais algumas sugestões. Contudo, desta vez suas orientações são entremeadas de perguntas... como se estivesse investigando um campo minado, usando suas reações às perguntas como direção para saber onde pisar em seguida.

Você começa a achar que cuidadosamente levou a conversa de um monólogo, com você como único espectador, para um diálogo com um parceiro valioso.

– **Ainda não entendi muito bem o que devo fazer em seguida...** – você se ouve dizendo a Dale. Assim que as palavras saem de sua boca, você se conscientiza, de maneira bastante desconfortável, de que vocês dois passaram os últimos dez minutos elaborando arduamente as próximas etapas.

– Tudo bem se você ficar um pouco ansioso em relação a enfrentar situações complicadas sozinho. Você vai se sair bem. E lembre-se: Dale não espera que você seja perfeito... apenas faça o melhor que puder.

– **Deixe-me reformular o que eu disse...** – você fala, em uma tentativa óbvia de não parecer idiota. – **Delineamos as próximas etapas.. Acho que estou um pouco apreensivo porque enfrentarei isso sozinho.**

Dale lhe dá um sorriso acolhedor, do tipo "já passei por isso". Os dois riem. Rapidamente, Dale lhe diz que você sabe o que fazer e como... é o voto de confiança de que você precisa. Vocês combinam a próxima sessão de *mentoring* para a semana seguinte. Dale promete entrar em contato com você em um ou dois dias. Trocam um aperto de mãos e você sai da baia dele.

– Você vai se sair muito bem – Sage diz baixinho em seu ouvido, enquanto caminha pelo corredor. Você está começando a gostar da companhia de seu mentor particular!

Parte VI

Condições Especiais

Condições Especiais

M*entoring* raramente é a experiência simples e cooperativa que a história de Jack e Tracy demonstra e que os capítulos "Para o Aprendiz" apresentam. Na maioria das vezes, o relacionamento de *mentoring* proporciona desafios especiais que testam a aptidão do mentor e a paciência do aprendiz. Considere esta seção uma cobertura especial para tudo que foi dito até agora neste livro.

Duas condições especiais afetam particularmente a qualidade do relacionamento de *mentoring*: os jogadores e o campo de jogo! No capítulo sobre alianças profanas, investigaremos diversas condições peculiares do jogador: *mentoring* entre colegas, ser mentor de uma pessoa em posição superior e ser mentor de uma pessoa que seja "diferente" o suficiente para causar ansiedade aos dois. As diferenças mais comuns são aquelas no cerne da busca por diversidade da maioria das organizações – sexo, raça/etnia ou credo. Em nossa discussão, "credo" será usado para cobrir várias diferenças... um conservador extremista atuando como mentor de um liberal extremista, pessoas com opções sexuais diferentes ou um nova-iorquino e um caipira do sul da Geórgia.

A questão essencial das alianças profanas é o fato de que elas podem (e não que irão) gerar ansiedade ou apreensão no mentor ou no aprendiz. Quando uma condição especial é descoberta ou assumida (talvez seja óbvia), depende do mentor levantar a questão e tentar avaliar se é uma fonte de ansiedade. A maneira como a questão vem à tona pode influenciar muito o nível de franqueza provavelmente usado na investigação conjunta.

O segundo tipo de condição especial diz respeito ao campo de jogo – o ambiente ou contexto onde ocorre o relacionamento de *mentoring*. Três condições serão analisadas: *mentoring* em um mundo veloz, *mentoring* quando mentor e aprendiz estão em locais distintos e *mentoring* com o apoio ou ajuda de um recurso ou ferramenta não humana. Os dois primeiros – denominados *mentoring* em águas turbulentas e *mentoring* a distância – são marcas registradas do mundo empresarial contemporâneo. O terceiro – que usa inteligência artificial – não é um lugar-comum de maneira alguma. Contudo, com os avanços feitos em inteligência artificial (pense em R2D2, em *Guerra nas Estrelas*, ou em Hal, *em 2001: Uma Odisséia no Espaço*) e tecnologia de reconhecimento de voz, é vital se preparar para seu potencial como recurso de *mentoring*.

CAPÍTULO 25

Alianças Profanas

MENTORING EM RELACIONAMENTOS PRECÁRIOS

Avis Bell foi a professora mais severa que tive. Seus padrões de decoro apropriado em sala de aula eram visivelmente mais rígidos para mim do que para qualquer outro aluno. Até mesmo meus amigos, que achavam a Sra. Bell uma professora divertida e amável, mais charmosa que controladora, notavam a rédea curta que mantinha em mim. Ela jamais deixava transparecer a menor indicação de que eu tivesse qualquer favoritismo. A nona série era bastante difícil, mas ainda mais quando a professora de ciências gerais era sua mãe!

Mentoring quase sempre diz respeito a duas pessoas relativamente similares – um mentor mais sábio e um aprendiz disposto a aprender – reunidas em prol de facilitar o crescimento. Contudo, essa tarefa assume um tom mais sério quando o relacionamento interpessoal entre mentor e aprendiz é dramaticamente fora dos padrões. Alianças profanas colocam o mentor sob uma pressão especial. Da mesma maneira, geram ansiedade incomum no aprendiz.

No mundo empresarial de hoje, as chances de o aprendiz ser filho do mentor são raras, quase improváveis. O exemplo de meu relacionamento com minha mãe-professora é apenas um símbolo da diversidade encontrada nos ambientes atuais de trabalho. Contudo, transmite figurativamente a existência de muitas variedades de relacionamentos precários que podem desafiar o objetivo de companheirismo do relacionamento de *mentoring*.

A TROCA DO PODER PELO RESPEITO: QUANDO OS DISCÍPULOS SÃO COLEGAS

Quando meu filho estava na quarta série, chegou em casa um dia e anunciou que tinha uma nova monitora.

– A antiga monitora saiu? – perguntei.

– Não, a Sra. Greer ainda está lá.

– Como se chama a nova monitora? – indaguei.

Sem erguer os olhos da bola de futebol, ele respondeu despreocupadamente: – Tommy.

Achei estranho. Alunos da quarta série não chamam os professores pelo primeiro nome. Os da décima sim, em sinal de rebeldia; e alunos da décima segunda série o fazem para parecerem adultos e bacanas. Mas a maioria dos alunos da quarta série não está interessada em ser rebelde ou bacana.

Na verdade, Tommy era aluno da sexta série e parte de um projeto educacional entre várias idades para permitir que alunos mais velhos agissem como tutores de alunos mais novos. O conceito era que alunos do ensino fundamental freqüentemente reagiam melhor aos colegas mais velhos do que ao professor, e dar responsabilidade de ensino aos alunos mais velhos também aumentava seu crescimento.

Quatro meses depois, perguntei ao meu filho como estavam ele e Tommy.

– Ele não é mais monitor.

Resolvi ficar calado para ver se ele daria mais detalhes. Continuou:

– Tommy achava que sabia mais matemática que eu. E quando comecei a responder mais rápido do que ele, ficou furioso. Começou a me xingar. A Sra. Greer ouviu e o tirou do cargo.

Mentoring entre colegas apresenta desafios especiais, qualquer que seja a situação. A resistência é sempre um obstáculo em *mentoring* e torna-se especialmente aguda quando mentor e aprendiz são colegas. A maioria dos mentores de colegas sabe muito bem como rótulos como "espertinho" e "sabe-tudo" colam naqueles que professam ter conhecimentos que desejam compartilhar. Como fazer para que o *mentoring* entre colegas funcione diante da resistência? Aguarde a resposta enquanto analisamos outra situação desafiadora.

MENTOR DO CHEFE

Como ser mentor de alguém em posição superior? A resposta mais comum é: "Com muito cuidado!".

Como analisamos em todo o livro, correr riscos é equivalente a crescer, e misturar aprendizagem e poder gera um produto completamente avesso ao risco. Essa mistura é mais poderosa ainda quando atuamos como mentor de alguém em posição superior. Porém, cada vez mais organizações estão, por exemplo, solicitando aos funcionários mais jovens em cargos inferiores, mas que possuem aptidões-chave, que sejam mentores de líderes em cargos mais elevados que precisam dessas aptidões. Considere, por exemplo, um CEO analfabeto em informática que pede ao gênio dos computadores do departamento de TI: "Venha à suíte da cobertura e me ensine a usar esta coisa!".

Ser mentor do chefe pode trazer outro subproduto desafortunado. O aprendiz pode rapidamente se tornar alvo do ressentimento dos funcionários se for visto como o "peixinho do professor". O favoritismo percebido pode abalar o cargo de determinado funcionário em um grupo importante de colegas.

A gerente geral de um importante hotel de Nova York veio de uma parte da cidade pouco famosa por sua diplomacia interpessoal. Desejando aprimorar seu estilo brusco, e um tanto seco, ela buscou a ajuda de uma charmosa supervisora da recepção. "A supervisora ficou emocionada quando lhe pedi ajuda", contou a gerente-geral. "Mas imediatamente percebi uma certa hesitação. Depois de sondar um pouco, percebi que ela estava preocupada em ser vista como alguém que tentava cair nas boas graças do chefe. Mas quem tinha lhe pedido ajuda era eu! Portanto, na próxima reunião com o *staff*, acalmei sua ansiedade ao anunciar que eu insistira para que ela fosse minha mentora. 'E', disse ao *staff*, 'depois de tentar recusar meu pedido, ela reconsiderou e concordou em me ajudar.' Ao acrescentar um toque de humor ao anúncio, reduzi qualquer percepção que alguém poderia ter de que ela estivesse 'adulando o chefe'."

Como ser mentor de alguém em uma posição superior? Mais uma vez, reserve essa pergunta enquanto apresentamos nossa última situação desafiadora.

A MISTURA DO *MENTORING* COM A DIVERSIDADE

Minha primeira experiência de ter como mentor alguém muito diferente de mim aconteceu quando eu tinha cinco anos de idade. Era um dia maravilhoso na vida de minha família: meus pais orgulhosamente trouxeram meu irmãozinho, Jack, do hospital para casa. Como o hospital ficava a quilômetros de distância, eu não os via há muitos dias.

Não entendi muito bem por que sua atenção "ao chegar em casa", antes voltada apenas para minha irmã e eu, era agora direcionada para aquele novo elemento. Em vez das brincadeiras usuais, do tipo "chegamos!", que acompanhavam o retorno de meus pais de uma viagem, recebemos o "privilégio especial" de olhar (em silêncio) um bebê dormindo no moisés. Era uma ocasião alegre, importante para meus pais, mas eu me senti ignorado, totalmente sem direitos e, ao mesmo tempo, culpado por me sentir assim. Busquei refúgio sob o enorme pinheiro atrás da garagem para sofrer sozinho.

Não fazia muito tempo que eu estava ali quando nossa maravilhosa empregada afro-americana, chamada Dee, notou minha ausência e interrompeu minha crise de autopiedade. Sem falar, sentou-se no chão ao meu lado. Exceto por minhas fungadelas, ficamos em silêncio por muito tempo. Então ela começou a me contar como fora a vida quando garota em uma família pobre. Contou sobre uma época de economia difícil e grandes tribulações. Depois sorriu e disse como se sentia feliz em fazer parte de nossa família.

Descreveu como fazer parte de nossa família lhe trouxe a oportunidade especial de me conhecer e me amar. "E", disse ela, "assim como eu, você receberá algo muito especial. Você será o 'irmão mais velho' daquele bebezinho na casa!" Em seguida, abraçou-me e deixou-me a sós para refletir sobre suas palavras. Lembro-me de ter ficado ali, sentado, durante muito tempo. Depois entrei para olhar novamente o bebê que eu secretamente prometera proteger.

O relacionamento de *mentoring* que envolve diferenças – raciais, étnicas, culturais, sejam quais forem – pode ser uma experiência emocionante para o mentor e o aprendiz. Nenhum outro relacionamento, feito de maneira apropriada, promete tanto em termos de aprendizagem recíproca. Nenhum outro relacionamento possui tamanho potencial para crescimento. Embora nossas similaridades nos proporcionem conforto, são nossas diferenças que nos trazem o progresso. E nossas diferenças nos permitem descobrir a verdadeira essência da parceria; a percepção de que, por baixo de nossas desigualdades óbvias, há um rio que percorremos juntos. A influência de Dee ultrapassou nossas diferenças e tocou a parte de nossas vidas que compartilhávamos. Sentia-me isolado... e ela também. Sentia-me sozinho... e ela também. Mas ela descobrira um presente especial em sua nova família, e estava ali para me ajudar a descobrir que eu também recebera exatamente o mesmo presente.

Humildade em Primeiro Lugar

O relacionamento de *mentoring* em situações desafiadoras – com colegas, pessoas em cargos superiores, pessoas diferentes – exige uma atitude de reverência. É mais fácil transmitir esse senso de encantamento por meio de uma expressão de humildade nua e crua. A humildade é um dom especial de gerentes que têm êxito como mentores. É mais do que um dom, no caso do *mentoring* entre colegas, com o chefe e na diversidade – é a chave da porta da frente. Se você começar exibindo seus conhecimentos especializados, certamente perderá seu público não cativo. Quando um chefe age como mentor, os aprendizes acham que têm de ouvir, e talvez até mesmo demonstrar interesse – mas colegas simplesmente o ignorarão e não perderão seu tempo. Chefes na posição de aprendiz sabem que estão acima de você – e têm o direito de não se envolverem.

"A humildade leva à força, e não à fraqueza. É a forma mais elevada de amor-próprio."
– John McCloy

Com qualquer um que seja "diferente", a humildade transforma o medo em conexão – mas não é sinônimo de desculpa. Ser humilde significa ser modesto e despretensioso, agir com a alma, sem nada acrescentar. Você pode, ao mesmo tempo, ser humilde e confiante.

Faça Muitas Perguntas Logo de Cara

A maioria dos aprendizes, quando confrontados com um mentor que não se encaixa no modelo tradicional mentor-aprendiz, demonstra resistência no início: "Que diabos você poderia me ensinar?", "Quem o designou Sr. Sabe-Tudo?" ou "Sou tão bom quanto você!". Assim como os mentores, os aprendizes às vezes nutrem a idéia de que mentores devem ser superiores. Qualquer desvio da ordem natural das coisas os deixa ansiosos. Um primeiro passo crucial é acalmar a ansiedade do aprendiz e lidar com a resistência.

Uma maneira de lidar com a resistência é dedicar enorme foco, energia e atenção ao aprendiz no início do relacionamento. Demonstre uma atenção dramática. Esqueça a reciprocidade, por enquanto. Deixe o interesse ser unilateral – seu no aprendiz. Você terá sua vez posteriormente. Pense assim: toda vez que você fizer uma pergunta ao aprendiz, ganhará um ponto. Toda vez que fizer uma afirmativa, perderá um ponto. E toda vez que fizer uma afirmativa sobre seus antecedentes, interesses, experiências ou qualquer coisa relacionada a você, perderá cinco pontos. Conquiste o maior número possível de pontos nos primeiros dez minutos da reunião.

Evite Afirmativas Condicionais

Meu primeiro emprego, assim que terminei a faculdade, foi como *trainee* de gestão em um grande banco no estado do Novo México. Comecei meu programa de treinamento rotativo de um ano como caixa em uma pequena agência. Após dominar as complexidades da função em pouco mais de um mês, tornei-me o caixa que primeiro fazia o balanço ao final do dia – o sinal de conhecimentos especializados. O gerente da agência, querendo recompensar meu trabalho, designou-me para treinar um novo caixa, uma americana de origem mexicana, vinte anos mais velha que eu, que viera de outro banco – uma mulher que usara todo o seu estoque de sorrisos na entrevista de emprego.

Armado com um diploma fresquinho e 34 dias de experiência, eu me achava o máximo! Mas minha primeira tentativa de *mentoring* sofreu uma interrupção radical quando coloquei um sonoro "mas" no final de um elogio ao trabalho dela. Ela ficou em pé e friamente me olhou da cabeça aos pés: "Meu jovem, você nunca poderá mandar em mim! Eu já era chefe quando você ainda usava fraldas". Com essa declaração, marchou para o gabinete do gerente da agência e exigiu uma transferência. Eu jamais sonhara que uma única palavra – "mas" – poderia ter um efeito tão poderoso e negativo.

Afirmativas condicionais ("Patsy, você está realizando um ótimo trabalho, mas...") têm o efeito de apagar a afirmativa na mente do aprendiz. Além disso, como a crítica fica parecendo paternal, surgem questões de poder e status. Então, o que fazer? Separar elogios e críticas. Se seu objetivo é elogiar, elogie; se é criticar, critique. Misturar os dois na mesma frase ou sessão pode transformar um positivo tapinha nas costas em um negativo chute no traseiro – sobretudo quando o aprendiz for seu colega, seu superior ou alguém obviamente diferente de você.

Nunca Resista à Resistência

Uma das maiores lições que os alunos de judô aprendem é nunca resistir à resistência; ao contrário, aprendem a direcionar a energia da resistência para outras finalidades. Quando se confronta resistência com resistência, as barreiras tornam-se mais rígidas, a oposição aprofunda-se ainda mais no terreno do poder e o crescimento cessa.

O judô ensina aos alunos usarem a energia do adversário, unindo-se a ela e direcionando-a a outro lugar. Da mesma maneira, em uma situação de *mentoring*, é melhor aceitar a resistência do discípulo e procurar aprender com ela. Busque-a, solicite-a e enfrente-a à luz do dia sem demonstrar medo. Trate o conflito como uma força neutra que pode ser aplicada à aprendizagem. Aceite-a como uma tensão não resolvida que precisa ser compreendida para ser canalizada em uma direção positiva.

Lute pela Aprendizagem Recíproca

Busque igualdade no relacionamento. A aprendizagem ocorre melhor quando em um campo de jogo nivelado. Se seu aprendiz o vê como um companheiro de aprendizagem (e não como um sabe-tudo pretensioso), há maior potencial para uma parceria. Com a parceria, vêm a aceitação, a contribuição conjunta e o crescimento.

Procure algo que seu aprendiz sabe e que você gostaria de aprender, e acrescente a seu *mentoring* a oportunidade de ser um aprendiz para seu aprendiz. Melhor ainda, procure uma área em que ambos desejam aprender. Um de meus sócios, Ron Zemke, é um importante mentor para mim há mais de 25 anos; somos sócios há mais de quinze. Para ele, ser meu mentor é uma alegria pessoal porque também tem interesse em que eu seja mentor dele. Assim como sou discípulo, também sou professor. A reciprocidade poucas vezes é perfeitamente equilibrada – meio a meio – entre os dois lados. Relacionamentos saudáveis em todas as áreas da vida são 60-40 em uma semana e 40-60 na outra. Com o tempo, no entanto, o dar-e-receber claramente reflete um equilíbrio justo.

Mentoring em relacionamentos precários oferece tanto recompensas quanto desafios especiais. O segredo para o sucesso reside em pegar algo que é ostensivamente um relacionamento singular e administrar a troca de conhecimentos para que mantenha e honre a igualdade. Concentrar-se na humildade, na consideração sincera, na afirmação autêntica e no equilíbrio pode promover uma troca que traz crescimento significativo tanto para o mentor quanto para o aprendiz.

CAPÍTULO 26

Alianças Árduas

MENTORING EM SITUAÇÕES PRECÁRIAS

Há muitas alianças de aprendizagem potencialmente árduas por causa do contexto precário em que o relacionamento se insere. Examinaremos três situações: *mentoring* em um ambiente superveloz, *mentoring* quando o aprendiz está em outro lugar e *mentoring* quando a tecnologia (sobretudo inteligência artificial) faz parte do mix mentor-aprendiz. Primeiro analisaremos o *mentoring* em águas turbulentas.

MENTORING ÀS PRESSAS: SABEDORIA EM ÁGUAS TURBULENTAS

A velocidade é tanto a fada-madrinha quanto o bicho-papão dos supervisores modernos. Alguns prosperam assim; outros anseiam pelos velhos tempos. Gostando ou não, contudo, a velocidade (também conhecida por tempo cíclico, *just-in-time* ou *out-of-time*) é marca registrada de nossos imprevisíveis ambientes de trabalho.

Chamado de "águas turbulentas permanentes" por Peter Vaill em *Managing As a Performing Art*, a natureza do mundo empresarial atual desafia as responsabilidades de *coaching* e *mentoring* do supervisor. Existem muitas respostas do tipo "Terei de falar com você depois" para pedidos como "Ajude-me a entender como fazer isto". A pressão para fazer suplanta a necessidade de ensinar e aprender. O que você pode fazer para oferecer *coaching* às pressas e ainda ser eficaz? Como acompanhar as exigências de "O tempo acabou!" enquanto se certifica que os aprendizes estejam recebendo a atenção, o apoio e a orientação individuais de que precisam para evitar a obsolescência das aptidões? A seguir, três dicas para navegar em águas turbulentas.

Aguarde a Prontidão do Discípulo

Grandes atletas sempre fazem um aquecimento, por mais curto que seja o evento. Quando pressionados pelo tempo, muitos mentores costumam desprezar o fato de o aprendiz estar pronto ou não para aprender. Frases como "Vamos direto à conclusão" correm o risco de negligenciar as necessidades de aprendizagem do aprendiz, deixando-o confuso e sufocado. Lembra-se do velho truísmo de que maior tempo de planejamento resulta em menor tempo de implementação, e menos tempo em geral? O mesmo é válido para a aprendizagem.

Por menor que seja seu tempo para ensinar, sempre reserve algum tempo para descobrir:

1. As metas e necessidades de aprendizagem imediatas do funcionário (O que você precisa aprender?),

2. Quaisquer preocupações urgentes que possam afetar sua maneira de ajudar, e

3. As idéias do funcionário sobre como você seria mais útil.

Cuidado com "Deixe-me Lhe Mostrar Como!"

Bons mentores não salvam; eles apóiam. A tentação da maioria dos líderes sob pressão é lançar mão da demonstração, e não da orientação solidária. A motivação real por trás de "Deixe-me lhe mostrar como!" é terminar o trabalho enquanto ostensivamente se ajuda o funcionário a aprender. Essa abordagem pode melhorar o desempenho em curto prazo, mas a proficiência a longo prazo será prejudicada.

Isso significa que o mentor nunca deve demonstrar um procedimento? Claro que não. O funcionário pode freqüentemente se beneficiar com a demonstração enquanto aprende a fazê-lo sozinho. Mas antes de você tocar o teclado, o equipamento ou o relatório, faça duas perguntas a si mesmo:

1. Estou me salvando ou apoiando o aprendiz? e

2. A minha demonstração aumentará ou diminuirá a independência?

Construa Partes Fortes e Não um Todo Fraco

Daqui a dez minutos você precisa sair correndo pela porta para uma importante reunião que durará o dia todo. Um dos funcionários entra em seu gabinete e diz: "Estou parado com este novo processo M60 que me pediu para aprender. Poderia me conceder alguns minutos para me ajudar a entendê-lo?". Você sabe que, na verdade, levará 30 ou 40 minutos para explicar adequadamente; o funcionário recebeu apenas uma orientação geral. Atrasar-se para a reunião está fora de questão, mas você quer deste aprendiz um certo desempenho sobre o M60 ainda hoje. O que fazer?

Muitos mentores dariam um resumo de dez minutos da lição de 40, na esperança de que o funcionário pudesse, assim, prosseguir com a tarefa. O resultado de uma abordagem tão rápida provavelmente será uma confusão total; uma hora depois de você sair, o funcionário se lembrará apenas de um borrão. Uma abordagem melhor é identificar os dez minutos mais cruciais da lição de quarenta minutos para iniciar a tarefa e cobri-los minuciosamente. A aprendizagem sólida de uma parte fundamental criará um ritmo confiante e permitirá que o aprendiz entenda o resto sozinho. Ter competência em uma área limitada é melhor que ter uma vaga percepção do todo.

Os futuristas dizem-nos que a época de "Leve o tempo que quiser!" não existe mais no mundo dos negócios; um ritmo do tipo "Acabou o tempo!", seja ele uma bênção ou uma maldição, agora é essencial para o sucesso. Ao mesmo tempo, funcionários precisam permanecer atualizados com o domínio de novas aptidões. Mentores superiores serão aqueles capazes de orientar às pressas com competência.

MENTORING A LONGA DISTÂNCIA: APRENDIZAGEM A DISTÂNCIA

Eu estava sentado na última fila de um enorme auditório, pouco iluminado, repleto de gerentes de uma empresa de software assistindo à última apresentação de um milhão de slides do dia. Um pouco mais cedo, eu havia falado a este público sobre os mitos, os méritos e os métodos de *mentoring*. Uma brilhante e jovem gerente de engenharia de sistemas, sentada a três poltronas da minha, passou-me um guardanapo com uma observação escrita à mão: "Tem alguma sugestão de como posso orientar meu pessoal em Guam, Paris e San Juan? Eles se sentem ignorados e eu, culpada".

Faltando apenas 17 slides, o aplauso de praxe e as considerações finais do palestrante, eu tinha pouquíssimo tempo para pensar. Não me lembro agora a maior parte do que eu disse – ela me pareceu satisfeita –, mas me lembro que fiquei perplexo ao perceber que, atualmente, esse dilema é lugar-comum.

Vivemos em uma era de trabalho autônomo. O aumento nos intervalos de controle, o *downsizing*, e o aumento no número de funcionários sem supervisão direta levaram os líderes a supervisionarem cada vez mais e com maior independência. Chefes fracos sentem-se aliviados, seus subordinados, livres; mas líderes fortes podem se sentir culpados, e seus subordinados, ignorados. O dilema da engenheira de sistemas torna-se cada vez mais familiar para um maior número de líderes. Como atuar como mentor se você não está lá, e nem estará por determinado período de tempo? Como ser um mentor a distância?

Crie um Sistema de Companheiros no Local

Quando você não está lá, não está. Portanto, é importante reforçar outros caminhos para o crescimento. Um recurso freqüentemente desprezado é o conhecimento dos colegas. Isso não significa retornar ao antigo estilo "Watch Nellie". Um verdadeiro sistema de companheiros cuidadosamente relaciona as necessidades de aprendizagem do aprendiz com os melhores conhecimentos dos colegas. Para ser eficaz, o sistema de companheiros precisa se basear não apenas na disponibilidade, mas em uma combinação intencional: de personalidades, de aptidões e de prioridades.

Como faço, então, para Jane orientar John na técnica Tillich, se Jane e John são colegas? Primeiro, confira a Jane a responsabilidade de ser solidária e de estar disponível para agir como mentora. Depois, confira a John a responsabilidade de procurar Jane e aprender a técnica Tillich. Certifique-se de elogiar Jane por seu *mentoring* e John, por aprender Tillich.

Falar é fácil, o difícil é fazer? Claro, mas não é sempre assim? Sistemas de companheiros funcionam quando nos empenhamos para que funcionem. Exigem recursos – sobretudo tempo. Dizer a Jane para ser mentora de John é ótimo, mas não se você não der mais tempo e liberdade a ela em suas outras obrigações.

Forneça Pacotes Especiais de Aprendizagem

Eu trabalhava com uma importante rede de hotéis, ensinando uma parte de seu programa *Lodging Leadership*, com duração de uma semana. Os participantes eram, em sua maioria, gerentes gerais de hotéis em todo o mundo. Estávamos no intervalo de almoço, no meio da semana, e Steve, um dos participantes do programa de um grande hotel em Nova Orleans, recebeu um enorme pacote. Muitas pessoas se reuniram em torno dele enquanto abria a surpresa. O pacote continha uma variedade de itens: uma caneca de café, a barra de chocolate preferida, diversos petiscos, um pacote de lápis, um bloco de anotações, óculos de leitura baratos, pílulas para dormir, baralho. Era de todos os funcionários do hotel onde trabalhava. Ele ficou visivelmente emocionado. A praticidade dos itens era irrelevante; eles se lembraram dele – e o valorizaram! Instantaneamente se lembrou de seu compromisso de fazer o melhor para os seus funcionários.

Parte do *mentoring* a distância é deixar o aprendiz perceber sua preocupação e sua dedicação de forma tangível. Um artigo, um CD-ROM ou um livro sobre um tópico de interesse ou necessidade, uma ajuda especial no trabalho, ou uma fita de áudio sobre um assunto relacionado ao trabalho pode transmitir uma mensagem poderosa de que você se lembra da pessoa – e a valoriza! Dê ao aprendiz a assinatura de uma revista importante para seu crescimento profissional. Coloque-o na lista de distribuição de itens voltados para o crescimento que saem de seu escritório.

Quando estiver junto com o aprendiz, no mesmo local, observe pequenos itens que ele ainda não tem, mas acharia úteis. A empresa pode ter artigos de escritório em estoque, e basta você solicitá-los; itens especiais podem exigir um pouco mais de planejamento e raciocínio. Será que ele poderia usar um carimbo com o endereço do escritório? Há uma lista de usuários à qual você poderia acrescentar o nome dele? Como o aprendiz reagiria ao receber um pacote de *post-it* com o próprio nome impresso? Pacotes especiais são limitados apenas por sua imaginação; os melhores são aqueles personalizados segundo as necessidades, as preferências e a situação do aprendiz.

Encontre Mentores Substitutos

Quando não puder estar presente, envie um agente em seu lugar. Quantos filmes antigos de guerra você já assistiu em que o general teimoso mostra um lado curiosamente sensível ao enviar um especialista valioso para ajudar? "O general pediu-me para passar por aqui e ver se posso ajudar em alguma coisa!" Geralmente era um ponto crucial no filme. Os agentes de aprendizagem são aliados do crescimento; podem preencher uma lacuna, apoiar um ponto fraco ou simplesmente demonstrar confiança.

Ao considerar recursos humanos fora de sua organização, procure um agente que tenha não só conhecimentos especializados, mas também *status*. Oferecer a ajuda de uma pessoa com recursos especiais e status inigualável pode transmitir uma mensagem dupla: eu o valorizo; quero ajudá-lo a crescer. Além disso, pode ser uma oportunidade especial para o agente selecionado.

Tive a oportunidade de servir como agente para um excelente mentor. Fui contratado por um grande banco do nordeste para desenvolver um programa de treinamento de dois dias que seria transmitido aos supervisores em diversos locais, por um grupo de gerentes minuciosamente selecionados. O programa foi elaborado e testado em campo e foi realizada uma série de sessões para treinamento do treinador. Linda Burgess era a líder sênior do projeto; Phil era um dos gerentes selecionados para lecionar o novo curso. Fiquei conhecendo Phil muito bem durante sua semana no treinamento.

Um dia, Linda me telefonou para me contratar por um dia.

– Preciso de sua ajuda – ela disse. – Phil tem um grupo particularmente difícil no mês que vem, do outro lado do estado, e acho que ele ficaria muito mais confiante se você estivesse lá no primeiro dia, mais ou menos como assistente dele.

Phil foi muito bem! Na verdade, ele não precisava de minha ajuda, mas pude ver seu alívio quando cheguei inesperadamente naquela manhã, uma hora antes de seu primeiro participante aparecer. E aprendi muito ao observá-lo encontrar um estilo próprio no novo programa.

Crie um Plano de Aprendizagem Autodidático

"A contribuição mais poderosa que os professores podem dar aos alunos", disse o guru do desenvolvimento de recursos humanos, Leonard Nadler, "é ajudá-los a se tornarem seus próprios professores." Contudo, a dádiva da aprendizagem autodidática ao aprendiz pode representar uma ameaça ao mentor para o qual abrir mão significa sentir-se abandonado, desnecessário e desvalorizado. É necessário ter muita coragem, compaixão e amor para deixar o azulão ensinar a si mesmo a voar. Por ser contraproducente para você, como mentor dedicado, você precisa tomar medidas para facilitar a transição.

Reúna-se com seu aprendiz distante e defina um plano de aprendizagem. (O quadro ao final deste capítulo apresenta os elementos-chave para um plano forte.) Verifique o progresso do aprendiz em intervalos cada vez mais longos – uma vez por mês, depois uma vez a cada dois meses, trimestralmente, e assim por diante. A meta é você se afastar do processo, e não apenas do aprendiz. Certifique-se de que as estratégias de aprendizagem usem recursos disponíveis para o aprendiz. Os aprendizes que assumem responsabilidade pela própria aprendizagem demonstrarão maior motivação. O antigo ditado "Se o aluno não aprendeu, o professor não ensinou" não se aplica aos adultos. (Nem às crianças, mas essa é outra história.)

Aprender nem sempre pode ser ligado a um relacionamento em período integral e com acesso total. O mundo profissional de hoje está longe de ser estável, regular ou planejado, mas a aprendizagem precisa continuar se as organizações quiserem se adaptar e competir. Os maiores mentores de amanhã serão capacitadores, não especialistas; indivíduos solidários, não espertos. Irão além dos antigos horizontes para fornecer recursos aos aprendizes em Guam, Paris e San Juan – bem como em Galveston, Peoria e Edifício Quatro.

MENTORING COM A AJUDA DE TECNOLOGIA

Minha esposa tem um carro novo com tecnologia de reconhecimento de voz e GPI[1]. Sem usar as mãos, ela pode controlar o rádio, o aparelho de CD, o telefone e o controle climático apenas com comandos de voz. O sistema GPI literalmente a leva para casa se ela se perder em uma parte desconhe-

1 *Ground Position Indicator*: Indicador de Localização Geográfica. (N. da T.)

cida de Dallas. "Quando você acha que este carro será capaz de me orientar para trocar um pneu ou acertar o relógio quando entrarmos no horário de verão?", ela me perguntou certo dia. A pergunta me fez pensar sobre a futura capacidade de *mentoring* da inteligência artificial.

"As únicas pessoas que alcançam muito são aquelas que desejam ter conhecimento tão ardentemente que o buscam quando as condições ainda são desfavoráveis. As condições favoráveis nunca vêm."

– C. S. Lewis

Vários anos atrás, pesquisadores anunciaram os resultados efetivos de computadores fazendo psicoterapia de baixo nível. Simplesmente ao "ouvir" a resposta do paciente e fazer perguntas seqüenciais direcionadas, o computador podia levar o paciente a níveis práticos de autoconsciência e *insight* terapêutico. Embora inadequado para o tratamento de muitos distúrbios psicológicos, isso demonstrou que a tecnologia de inteligência artificial pode desempenhar um papel nas profissões de apoio.

Estamos nos movendo rapidamente na fronteira da inteligência artificial. Em algumas fábricas, os robôs estão não apenas realizando a montagem sofisticada, mas ensinando seus associados humanos do que necessitam em termos de manutenção e suporte. A área médica usa a robótica para certos procedimentos cirúrgicos. Acrescente os avanços em reconhecimento de voz e você terá o contexto definido para mentores de inteligência artificial.

Como a tecnologia pode ser mais bem explorada como recurso de *mentoring*? Embora muitas das possibilidades sejam empolgantes, é importante lembrar que os computadores são lineares e racionais, não intuitivos e abstratos. Se o suporte necessário for de natureza criativa, a inteligência artificial pode ser uma decepção. Um computador pode certamente vencê-lo no jogo de xadrez, mas provavelmente não o ajudará a resolver desafios com autoconfiança. A inteligência artificial pode recuperar detalhes minúsculos, mas é provável que não seja capaz de perceber conexões sutis entre duas informações aparentemente não relacionadas.

Mentoring com tecnologia requer respeito e paciência. Não existe um "computador idiota". A sabedoria a ser obtida de qualquer recurso tecnológico advém do gênio de seu criador (também conhecido como programador). E a máxima "entra lixo, sai lixo" também se aplica ao usuário de computadores. Fale claramente e evite jargões e coloquialismos. "Mais fácil que tomar doce de criança" pode levá-lo a uma conversa sobre filhos. "Fica frio" pode provocar uma queda súbita na temperatura ambiente.

Mentoring com tecnologia também requer atualização contínua e controle de qualidade. Como humanos, estamos constantemente aprendendo. A inteligência artificial não é, em geral, um mecanismo autogerador e, sem melhorias e adaptação contínua, pode se tornar obsoleta rapidamente, fornecendo orientações ultrapassadas ou sugestões enganosas.

Mentoring nem sempre acontece na rotina segura de um local de trabalho estável. Conforme o ambiente empresarial se torna mais caótico, globalizado e dependente de tecnologia, mentores sábios aprendem a orientar às pressas, a distância, e usando toda a tecnologia disponível. Obviamente, o ritmo da aprendizagem de um aprendiz pode ser diferente do ritmo do trabalho, mas a realidade da velocidade e as incertezas das águas turbulentas permanentes ainda permeiam o processo de aprendizagem. Não se deve negar aos aprendizes a ajuda do mentor apenas porque estão fisicamente inacessíveis. Mentores sábios adaptam-se à realidade do lugar e da tecnologia.

Elementos de um Plano de Aprendizagem

1. **Minha meta de aprendizagem é:**
   (por exemplo, gostaria de desenvolver uma pesquisa efetiva sobre atendimento ao cliente para os clientes na área de minha responsabilidade.)

2. **Recursos de que provavelmente precisarei:**
   (por exemplo, precisarei de falar com o gerente geral no local, analisar a seção de pesquisa de marketing na biblioteca, telefonar aos departamentos de atendimento ao cliente de três famosas empresas de consultoria em pesquisa de marketing etc.)

3. **Pessoas que sei que podem me ajudar:**
   (por exemplo, preciso conversar com o diretor de pesquisa de marketing de nossa organização.)

4. **Obstáculos que provavelmente encontrarei e como posso superá-los:**
   (por exemplo, tenho um relatório atrasado sobre interrupção de serviços que preciso delegar a Sam; a reunião de duas horas sobre fornecimento precisa ser reduzida para uma hora e todos os participantes têm de ser notificados etc.)

5. **Cronograma que espero usar para atingir meu objetivo:**

6. **Reuniões com meu gerente:**
   (datas e horários)

7. **Outras anotações relevantes sobre meu plano de aprendizagem:**

AGRADECIMENTOS

Ninguém escreve um livro sozinho. Muitas pessoas se reúnem em torno do autor para transformar palavras ásperas em uma tela de computador em prosa polida em uma página impressa. Esta é minha oportunidade de agradecer aos muitos que se reuniram comigo. A tarefa intimida um pouco, da mesma maneira que os vencedores do Oscar ficam entimidados sob os refletores e diante das câmeras para se lembrar de todos a quem desejam agradecer.

Quatro equipes trabalharam em *Mentor e Aprendiz.* A equipe editorial do Texas era liderada por Leslie Stephen, em Austin. Leslie demonstrou, desde o início, dedicação total, 24 horas por dia, a este livro. Empregou seus extraordinários talentos de gestão e criatividade de uma maneira que geralmente dava a impressão de não exigir esforço e sempre parecia infinita. Jeff Morris ajudou-a com o "peso-pesado" editorial da primeira edição, e Deborah Costenbader trabalhou em ambas. Este é o sétimo livro que produzo com Leslie – não preciso dizer mais nada!

Randy Martin liderou a equipe de produção multifuncional e repleta de talentos em Ohio. A união da capa e da diagramação criativa do texto se transformou em uma apresentação geral que transmite exatamente o espírito de parceria em *mentoring*. Randy e sua equipe em Cleveland também lidaram com todos os mínimos detalhes de transformar várias centenas de milhares de bits e bytes de arquivos eletrônicos em livros nas prateleiras das livrarias – pontualmente, com pouquíssima preocupação do autor.

A equipe de publicação na Califórnia foi liderada por Steve Piersanti, presidente da Berrett-Koehler Publishers. Não conheço ninguém que demonstre mais integridade, profissionalismo e profunda dedicação a uma verdadeira parceria entre autor e editor. A empresa toda se empenha em compromisso total, além do necessário. Todos vivem seus valores. Este é meu quarto livro (contando a primeira edição) com a Berrett-Koehler, e meu quinto com Steve.

A equipe de apoio na Flórida e em Minnesota incluiu meus sócios da Performance Research Associates: Ron Zemke e Tom Connellan, ambos autores de vários *best-sellers*. Cada um ofereceu sugestões práticas, idéias especiais e parcialmente implementadas, e incentivo incessante. Além disso, recebi excelente *feedback* dos revisores Pat Stocker, Jeff Kulick,

Sharon Wingron e Sandra Chase. Finalmente, este livro não teria acontecido sem o apoio emocional e a inspiração criativa de Nancy Rainey Bell. O subtítulo deste livro é, na verdade, [170] sobre Nancy. Ela é a melhor do mundo na construção de parcerias para a aprendizagem. Nossa parceria de mais de 35 anos, repleta de *mentoring* mútuo, tem sido uma alegre jornada para a aprendizagem. Por meio de seu amor incondicional, vasto intelecto e devoção altruísta, ela me ensinou mais sobre parcerias do que qualquer outra pessoa neste planeta!

A todos vocês: obrigado.

NOTAS

[xx] **O termo "águas turbulentas permanentes", de Peter Vaill:** Vaill, *Managing As a Performing Art.*
Um estudo da McKinsey & Co. no ano 2000: Fishman, p. 104.
Mentoring is now seen as one way: "Emerging Work Force Study," p. 104.

[12] **Extensas pesquisas mostram:** Material sobre foco, sentimentos, família e liberdade adaptado de *Instructing for Results*, de Fredric Margolis e Chip R. Bell, e inspirado por *The Adult Learner: A Neglected Species,* de Malcolm Knowles.

[24–27] A Escala de Mentores adaptada com permissão do editor de *At Your Service,* de Chip R. Bell e Ron Zemke. Copyright© 1995, Quality Resources, Inc. Todos os direitos reservados.

[27] O instrumento FIRO–B® é distribuído pela Consulting Psychologists Press, 3803 East Bayshore Road, Palo Alto, Califórnia 94303, (415) 969–8901. Uma versão atualizada denominada Element B: Behavior encontra-se disponível em Will Schutz Associates, Inc., P.O. Box 1339, Mill Valley, Califórnia 94942–1339, (800) 462–5874.

[33] Diálogo do filme *O Império Contra-ataca,* George Lucas, Produtor, Lucas Films Limited Production, distribuído pela 20th Century Fox.

[54] **"Ou ele tem aquele talento...":** Sellers, "What Exactly Is Charisma?" (O que é exatamente carisma?), p. 74.
Em seu artigo: Oliver, "Mockingbirds", p. 80.

[107] **"A opinião compartilhada é vital..."** Senge, *Fifth Discipline,* p. 206.

[125] **"Há um campo de energia entre os seres humanos...":** May, *Love and Will,* p. 312.

[126] **" [Deming] amou o Japão...":** O'Toole, *Leading Change,* p. 197.

[127] **"Até que a pessoa resolva se comprometer...":** Murray, *Scottish Himalayan Expedition,* p. 206.

[135–136] **"Quando percebemos que, para aprender...":** Senge, *Fifth Discipline,* p. 279.

[143] Letra de "It's Alright, Ma (I'm Only Bleeding)". Copyright 1965 da Warner Bros. Music, renovado em 1993 pela Special

Rider Music. Todos os direitos reservados. Copyright internacional assegurado. Reimpresso com permissão.

[143–144] Perguntas adaptadas de Gary Heil, Tom Parker e Rick Tate, *Leadership and the Customer Revolution: The Messy, Unpredictable and Inexplicably Human Challenge of Making the Rethoric of Change a Reality*, p. 59–60. Reimpresso com permissão.

REFERÊNCIAS BIBLIOGRÁFICAS

BARTON, Kathleen. *Connecting with Success.* Palo Alto, CA: Davies Black Publishing, 2001.

BELL, Chip R. *Customer Love: Attracting and Keeping Customers for Life.* Provo, Utah: Executive Excellence, 2000.

_____. *Customers As Partners: Building Relationships That Last.* San Francisco: BerrettKoehler, 1994.

_____; HARARI, Oren. *Beep Beep! Competing in the Age of the Road Runner.* Nova York: Warner Books, 2000.

_____; SHEA, Heather. *Dance Lessons: Six Steps to Great Partnerships in Business and Life.* San Francisco: Berrett Koehler, 1998.

_____; ZEMKE, Ron. *Managing Knock Your Socks Off Service.* Nova York: AMACOM, 1992.

_____ e outros. *The Trainer's Professional Development Handbook.* San Francisco: Jossey Bass, 1987.

COHEN, Norman H., *The Mentee's Guide to Mentoring.* Amherst, MA: Human Resource Development Press, 1999.

CONNELLAN, Thomas K. *How to Grow People into Self-Starters.* Ann Arbor: The Achievement Institute, 1991.

CASTANEDA, Carlos. *The Teachings of Don Juan: A Yaqui Way of Knowledge.* Berkeley, Calif.: University of California Press, 1968.

DASS, Baba Ram (Richard Alpert). *Be Here Now.* San Cristobal, Novo México: Lama Foundation, 1971.

_____. *The Only Dance There is.* Garden City, NY: Anchor Press, 1974.

DEGEUS, Arie. *The Living Company: Habits for Survival in a Turbulent Business Environment.* Boston: Harvard Business School Press, 1997.

DEPREE, Max. *LeadershipJazz.* Nova York: Doubleday, 1992.

EDVINSSON, Leif; MALONE, Michael S. *Intellectual Capital: Realizing Your Company's True Value by Finding Its Hidden Roots.* Nova York: HarperBusiness, 1997.

"Emerging Work Force Study." *Business Week,* 1º de março de 1999.

FISHMAN, Charles. "The War for Talent". *Fast Company,* agosto de 1998.

GOLDSMITH, Marshall; KAYE, Beverly; SHELTON, Ken, eds. *Learning Journeys*. Palo Alto, Calif.: Davies Black Publishers, 2000.

_____; LYONS, Laurence; FREAS, Alyssa. *Coaching for Leadership: How the World's Greatest Coaches Help Leaders Learn*. SanFrancisco: Jossey Bass, 2000.

GREENLEAF, Robert K. *Servant Leadership: A Journey into the Nature of Legitimate Power and Greatness*. Nova York: Paulist Press, 1977.

HARVEY, Jerry B. *The Abilene Paradox and Other Meditations on Management.* Nova York: Lexington Books, 1988.

HEIL, Gary; PARKER, Tom; TATE, Rick. *Leadership and the Customer Revolution: The Messy, Unpredictable and Inexplicably Human Challenge of Making the Rhetoric of Change a Reality.* Nova York: Van Nostrand Reinhold, 1994.

HOWARD, Pierce J. *The Owner's Manual for the Brain: Everyday Applications from MindBrain Research.* Austin: Leornian Press, 1994.

JOURARD, Sidney. *The Transparent Self: Self-Disclosure and Well-Being.* Nova York: Van Nostrand Reinhold, 1971.

KISER, A. Glenn. *Masterful Facilitation: Becoming a Catalyst for Meaningful Change.* Nova York: AMACOM Books, 1998.

KNOWLES, Malcolm. *The Adult Learner: A Neglected Species*. 4. ed. Houston: Gulf Publishing, 1990.

KRAM, Kathy E. "Phases of the Mentor Relationship." *Academy of Management Journal 26*, n. 4 (1983): 608 625.

LANE, Tom; GREEN, Alan. *The Way of Quality: Dialogues on Kaizen Thinking.* Austin: Dialogos Press, 1994.

LEONARD BARTON, Dorothy. *Wellsprings of Knowledge: Building and Sustaining the Sources of Innovation.* Boston: Harvard Business School Press, 1995.

LUFT, Joseph. *Group Processes: An Introduction to Group Dynamics.* 2. ed. Palo Alto, Calif.: National Press Book, 1970.

MACKAY, Harvey. *Swim with the Sharks without Being Eaten Alive: Outsell, Outmanage, Outmotivate, and Outnegotiate Your Competition.* Nova York: Morrow, 1988.

MARGOLIS, Fredric; BELL, Chip R.. *Instructing for Results: Managing the Learning Process.* San Diego: Pfeiffer and Co., 1986.

_____. *Understanding Training: Perspectives and Practices.* San Diego: Pfeiffer and Co., 1989.

MAY, Rollo. *Love and Will.* Nova York: Dell Publishing, 1969.

MCCLELLAND, David C.; ATKINSON, J. W.; CLARK, R. A.; LOWELL, E. L.. *The Achievement Motive.* Nova York: Appleton Century Crofts, 1953.

_____. *The Achieving Society.* Princeton, NJ: Van Nostrand Company, 1961.

MURRAY, Margo. *Beyond the Myths and Magic of Mentoring.* San Francisco: Jossey-Bass, 1991.

MURRAY, W.H. *The Scottish Himalayan Expedition.* Londres: MacMillan and Sons, 1950.

OLIVER, Mary. "Mockingbirds". *The Atlantic Monthly,* fevereiro de 1994.

O'TOOLE, James. *Leading Change: Overcoming the Ideology of Comfort and the Tyranny of Custom.* San Francisco: Jossey Bass, 1995.

PIRSIG, Robert M. *Zen and the Art of Motorcycle Maintenance: An Inquiry into Values.* Nova York: Doubleday, 1976.

POWELL, John. *Why Am I Afraid to Tell You Who I Am?* Ed. rev. Allen, Tex.: Tabor, 1990.

PUTMAN, Tony; Bell, Chip; Van Zwieten, John. "Artificial Intelligence and HRD: A Paradigm Shift". *Training and Development Journal,* agosto de 1987.

ROGERS, Carl. *On Becoming a Person.* Boston: Houghton Mifflin, 1972.

SAINT EXUPÉRY, Antoine. *The Little Prince.* Nova York: Harcourt, Brace and World, 1943.

SELLERS, Patricia. "What Exactly Is Charisma?" *Fortune,* janeiro de 1996.

SENGE, Peter. *The Fifth Discipline: The Art and Practice of the Learning Organization.* Nova York: Doubleday, 1990.

SHEA, Gordon F. *Mentoring: How to Develop Successful Mentor Behaviors,* Menlo Park, CA: Crisp Publications, 1992.

VAILL, Peter B. *Managing As a Performing Art: New Ideas for a World of Chaotic Change.* San Francisco: Jossey Bass, 1989.

_____. *Spirited Leading and Learning: Process Wisdom for a New Age.* San Francisco: Jossey Bass, 1998.

ZACHARY, Lois J. *The Mentor's Guide: Facilitating Effective Learning Relationships.* San Francisco: Jossey Bass Inc., 2000.

ZEMKE, Ron; BELL, Chip R. *Knock Your Socks Off Service Recovery.* Nova York: AMACOM, 2000.

_____; RAINES, Claire; FILIPCZAK, Bob, *Generations at Work.* Nova York: AMACOM, 2000.

O AUTOR

Chip R. Bell é sócio sênior da Performance Research Associates, Inc., e gerencia o escritório em Dallas. A PRA presta consultoria para organizações sobre como podem construir fidelidade do cliente em longo prazo. Atuou como consultor ou palestrante para importantes organizações como IBM, GE, AAA, Microsoft, State Farm, Motorola, Marriott, Lockheed-Martin, Ritz-Carlton Hotels, 3M, Pfizer, Eli Lilly, USAA, Royal Bank, GlaxoSmith Kline, Merrill Lynch, Verizon, Chevron, Sears, Harley-Davidson e Victoria's Secret. Além disso, atuou como instrutor visitante na Cornell University, na Manchester University (Reino Unido) e na Penn State University. Antes de iniciar a empresa de consultoria no final dos anos 70, foi vice-presidente e diretor de desenvolvimento administrativo e organizacional da NCNB Corporation (hoje Bank of America). Foi comandante da unidade de infantaria da divisão de elite 82ª Airborne no Vietnã e, em 1970, serviu no *staff* da Instructional Methods Division da U.S. Army Infantry School.

Chip é autor de quatorze livros, incluindo: *Customer Love: Attracting and Keeping Customers for Life*; *Customers as Partners*; *Managing Knock Your Socks Off Service* (com Ron Zemke); *Knock Your Socks Off Service Recovery* (com Ron Zemke); *Beep Beep: Competing in the Age of the Road Runner* (com Oren Harari); *Dance Lessons: Six Steps to Great Partnerships in Business and Life* (com Heather Shea); *Instructing for Results* (com Fredric Margolis); *Understanding Training* (com Fredric Margolis); *The Trainer's Professional Development Handbook* (com Ray Bard, Leslie Stephen e Linda Webster); e *Clients and Consultants* (com Leonard Nadler). Além disso, contribuiu com capítulos para *The Sales Training Handbook, The Training and Development Handbook, The Handbook of Human Resource Development, Coaching for Leadership, Learning Journeys* e *The Best Practices in Customer Service.*

Seus artigos sobre treinamento e aprendizagem foram publicados em periódicos profissionais como *Training and Development* (agora *T+D), Training, HR Magazine, Personnel Journal, Workforce Training News, The Toastmaster, Educational Leadership, Adult Training, Adult Leadership, Storyteller's Journal, Journal of European Training* (Reino Unido), e *Journal of Management Development* (Reino Unido). Os artigos de Chip sobre liderança e *mentoring* foram publicados em *Management Review, Biz, Entrepreneur, Quality, Supervisory Management, Journal of*

Quality and Participation, Advanced Management Journal, Executive Excellence, Executive Directions, The Journal of Management Consulting, Services, Quality Digest, Staff Digest e *Today's Leaders.*

Chip R. Bell
Performance Research Associates, Inc.
25 Highland Park # 100
Dallas, Texas 75205-2785
E-mail: chip@chipbell.com
Websites: www.chipbell.com
www.socksoff.com
www.beepbeep.com

ÍNDICE REMISSIVO

B

C

D

E

F

G

H

N

O

S

T

U

V

W

Y

Z

CADASTRO DO LEITOR

- Vamos informar-lhe sobre nossos lançamentos e atividades
- Favor preencher todos os campos

Nome Completo (não abreviar):

Endereço para Correspondência:

Bairro: Cidade: UF: Cep: –

Telefone: Celular: E-mail: Sexo: F M

Escolaridade:
☐ Ensino Fundamental ☐ Ensino Médio ☐ Superior ☐ Pós-Graduação
☐ MBA ☐ Mestrado ☐ Doutorado ☐ Outros (especificar): ______

Obra: **Mentor e Aprendiz – Chip R. Bell**

Classificação: **1. Recursos Humanos 2. Treinamento 3. Negócios**

Outras áreas de interesse: ______

Quantos livros compra por mês?: ______ por ano? ______

Profissão: ______

Cargo: ______

Enviar para os faxes: **(11) 3079-8067/(11) 3079-3147**

ou e-mail: **vendas@mbooks.com.br**

Como teve conhecimento do livro?

☐ Jornal / Revista. Qual? ______
☐ Indicação. Quem? ______
☐ Internet (especificar *site*): ______
☐ Mala-Direta: ______
☐ Visitando livraria. Qual? ______
☐ Outros (especificar): ______

M. Books

M. Books do Brasil Editora Ltda.

Av. Brigadeiro Faria Lima, 1993 - 5° andar - Cj 51
01452-001 - São Paulo - SP Telefones: (11) 3168-8242/(11) 3168-9420
Fax: (11) 3079-3147 - e-mail: vendas@mbooks.com.br

DOBRE AQUI E COLE

Carta
Resposta
7212018100-DR/SPM
M.Books
CORREIOS

CARTA – RESPOSTA
NÃO É NECESSÁRIO SELAR

O selo será pago por
M. BOOKS DO BRASIL EDITORA LTDA

AC Itaim Bibi
04533-970 - São Paulo - SP

DOBRE AQUI

☐☐☐-☐☐☐☐☐

End.: ....

Rem.: ....